自分を変えたい！を終わらせる

自分マニュアル思考法

セルバ出版

はじめに

私たちの「気分」というものは、大きな出来事であればもちろんのこと、些細な出来事であっても揺れ動き左右されてしまうものです。

いつもポジティブで何事にも惑わされず、楽しく過ごしていけたら、こんなにも嬉しいことはないですよね。

でも現実には、疲れてしまったり、やる気が起きなかったり、やらなければいけないことは山積みなのに、どうしても気分が乗らない、なんて日々が続くことも多いです。頭では理解しているのに、心が言うことを聞かない、心がついてきてくれない。こんな状況が余計に私たちを悩ませる原因になっているのではないでしょうか？

頭も体も心も。私たちを構成する大事な要素です。揃って同じ方向を見ることができれば、素晴らしいチームワークを発揮するかのごとく達成感や充実感のある結果が出るでしょう。

ところが、実際のチームでも起こるように、誰かの意見や気持ちが揃わなければチームの力は上手く出せず、思うような結果が出ない。私たちが何となくもやもやするのは、こういったことが原因なのです。

では、頭と体と心をいつでもベストな状態にしてパフォーマンスを上げていくにはどうしたらいいのでしょう？

私は、心は頭と体を動かすためのエンジンだと考えています。

皆さんにも経験があると思いますが、心が乗り気でないときは、体も動きにくいですし、考え事をするのも億劫です。心が弾むときは、自然と体が軽やかに動き、いろいろなアイデアも浮かぶでしょう。

もちろん心だけが頭と体を動かす、というわけではありませんが、少なくとも大きな役割を果たしていることに、共感していただけると思います。

とはいえ、私たちは自分の心を完璧に理解しているわけではありません。

ですから、自分のことを自分で理解する必要があるのです。自己紹介してください、と急に振られると皆さんも困るのではないでしょうか？　得意なことは…好きな食べ物は…など、すぐに出てきますか？

私は企業の新人研修に講師として参加することがあるのですが、最初に自己紹介をお願いすると、驚くほど言葉に詰まってしまう社員さんがいます。新入社員に限らず、フォロワーで参加してくださっている先輩社員の方の中でも、名乗ったあとの言葉が出ない、ということがあります。私たちはそれほど、自分に対しての理解が浅いのです。

得意なことや好きな食べ物がすぐに出てくる方でも、どんなときに落ち込みやすく、どんな言葉で傷つきやすく、どんなことで心が休まり、どうすると沈んだ気持ちが楽になるのか、どういう状況で体調を崩しやすいのか、など詳しく説明できる方は少ないのではないでしょうか？

また、私のカウンセリングに来る相談者の方は、短所や欠点は出るけど、自分の長所がわからない、という方が多いです。

私も以前は自分のことがわからず、眼の前のことだけに追われる日々を過ごしていました。仕事を抱え込みすぎれば体調を崩し、少し回復したかと思えばまたぶり返して風邪をひく。落ち込んだら浮上してこれず、いつまでもくよくよと考え込んでしまい、誰かに評価されないと途端に自分に価値がないと思い込んでしまう。

部署が変わって、先輩に「何が得意分野？」と聞かれても、データ分析が取り立てて好きなわけでもないし、顧客対応が秀でているとも思わない。資料作成がとりわけ早いわけでもないし、プレゼン能力が高かったり、営業活動が好きなわけでもない。結果、「これといって得意分野はないです」という、先輩ががっかりするような答えしか出てこない。仕事はするけど、業務の中でこれは得意というものもない。でも苦手な業務を何となく後回しにしておくと、先輩から「苦手な業務からはすぐ逃げるよね」と怒られてまた落ち込んだり。

こうして自分に自信がなくなると、ますます自分のよさや価値がわからなくなり、鬱々とした日々を送る心は疲弊して、頭と体はやらなきゃ、と感じていても上手くできなくなってしまうのです。そして、私は世の中の役に立っているのか、とか、いたら便利だけどいなくても差し障りない存在なんだろうな、とか心が沈み込むような思考がぐるぐると頭の中を回るのです。

皆さんももし、このような気持ちを感じたことがあり、なおかつ今変わりたい、なんとかしたいと思っているなら、それはチャンスのときが来ている証拠です。もちろん、ご自身で少しずつ意識していくこともできますし、実際私も少しずつ自分を変えていく努力をしました。ですが、現代人はとにかく時間がありません。皆さんもお忙しくされていることと思います。

本書では、心の状態や、私たちが気づいていない私たちの心についてお話しています。本書をお読みいただきながら、ぜひ自分の自己紹介や扱い方が載っている「自分マニュアル」を作成していただければと思います。

本書が普段、皆さんが抱えている、何となく感じる言葉にできないような鬱々として、もやもやとした思いを解きほぐす手がかりとなれば幸いです。

２０２４年11月

清野　郁絵

自分を変えたい！　を終わらせる　自分マニュアル思考法　目次

第2章　自己肯定感を高める方法

第3章　自分らしさを発見し、開花させる方法

第4章　目標を設定し、行動に移す方法

第5章　心の状態をコントロールする方法

第6章　自分らしく輝く未来を創造する習慣法

第7章　自分の人生を自分で創り上げる

第1章　なぜ私たちは塞ぎ込んでしまうのか？

私たちの思考とは

日常生活で何かしらの出来事が起きたとき、私たちは瞬時に、その物事について思考を巡らせています。

例えば、商業施設で突然、小さな子どもが泣き出したとき、「転んだのかしら？」と心配する人もいれば、「迷子なんじゃないかしら？　親はどこにいるの？」と思う人、「欲しいものを買ってもらえなくてダダをこねているのだろう」と思う人、「泣き声がうるさいな」と感じる人もいるでしょう。

同じ出来事を、同じ時間で体験しているのに、反応は人それぞれですよね。私たちは1人ひとりが違う人間で、育った環境も違うのだから、反応は千差万別です。

では、私たちは一体、何を基準にその思考を巡らせるのでしょうか？

私たちは、生まれてから多くの物を見て多くの体験を重ねてきました。家庭環境もそれぞれ違いますし、友人関係や住んでいる地域、時代によってそれぞれが全く別の経験を積んできたのです。これが、私たちの思考の基準となっています。

先程の商業施設で泣いている子どもの話で言えば、ご自身やご自身のお子様がよく転んだという経験をお持ちの方は、「転んだのかしら？」が最初に思い浮かぶでしょう。また、幼少期に迷子になって不安だった経験をお持ちの方や、お子様が突然いなくなり肝を冷やした経験がある方は、「迷子なんじゃないかしら？」と思うことでしょう。

このように、私たちの思考は現在に至るまでに経験したことをもとに、一番考えやすいことを考えているのです。

そしてこれは、同じ人間でもその日の気分や状況で移り変わるものなのです。

例えば、会社でのミーティング中。ご自身の発言で上司がコメントを返してきたとしましょう。「その意見はわかるけど、もう少し内容をわかりやすくまとめて欲しいな」と言われました。普段なら「わかりました。では事例を加えてわかりやすくします」などと返答できるのに、気分が乗らない日には、「私の意見なんていつも否定されて受け入れてもらえないし、発言するだけ無駄なんじゃないか」と考えを巡らせてしまう。

同じ人間が同じようなことを経験しているのに、気分で捉え方が変わってしまうのはよくあることですね。

私たちの思考は気分によって左右されてしまうこともある、ということを心に留めておきましょう。私たちが作成する「自分マニュアル」には１つの正解だけが載るわけではありません。状況に応じた臨機応変な情報が記載されるのです。

本書をお読みいただき自分の心や自分の思考のパターンなどを理解していくことで、ふいに襲いかかる鬱々とした気分を遠ざけるのではなく、上手にお付き合いしていくことができるはずです。

まずは自分マニュアルの前提、正解は１つではない、を意識していきましょう。

ネガティブとは何か？

私たちの思考は、いままでの経験や価値観で決まってくると申し上げました。また同じ人でもその日の状況で左右されやすいともお話しました。

私たちは、普段、前向きに生きよう！　ポジティブになろう！　と自然と感じています。

後ろばかり向いてネガティブだけを抱えて生きていきたい、と望んでいる人は恐らくいないでしょう。

ですが、こんな希望とは裏腹に、私たちはときに深く傷つき落ち込みふさぎ込んでしまいます。

私自身、今はポジティブに考える癖がついているな、と自分で思いますが、じゃあ幼少期からそうだったのか？　と言われると、そうではありません。

例えば、小学生のときに合唱の伴奏係に選ばれなかったときは傷つきましたし（しかも私以外は立候補しなかったのに！）、自分が正しいと思うことでクラスの男子生徒を言い負かせなかったときは正しさが伝わらないことにイライラしました。

実は学校の勉強が嫌いすぎて「学校なくなれ！」と本気で思っていました。学生時代が楽しかった、という方は多いと思いますし、それはそれで素晴らしいことです。

高校生のときが楽しかったから戻りたい、と思っている方の気持ちは羨ましいと思う反面、私は絶対に学生時代をもう一度体験したいとは思わないので、タイムマシンが完成していないことにホッとしています。

このように、子どものころの私はどちらかと言えばネガティブで否定的で批判的で、お世辞にも可愛らしい子どもではなかったと思います。ですが、今は充実して楽しい日々を送っています。

同じ私、という人間でもネガティブな時期とポジティブな時期を持っているのです。当然本書をお読みの皆さんも、ポジティブに考える日とネガティブになってしまう日を経験していることでしょう。

私は普段、心理カウンセラーとして相談者さんのお話を聞くことがありますが、「ポジティブに考えたいのでネガティブな感情をなくしたいです」と言われることがあります。ポジティブだけで生きていけたらどれほど楽しいことか、そう思いますよね。

ですが、実は私はポジティブだけで生きていきたい、とは思わないのです。

例えば旅行が大好きな方がいたとしましょう。仕事のない週末に旅行することが大好きな方が、お金や時間や仕事のしがらみがなく、毎日毎日、旅行に行けたとしたら？

想像してみてください。最初は楽しく充実していると思いますが、これが1年2年と続いたら、飽きると思いませんか？　旅行だけをする日々。憧れたはずなのに、楽しいはずなのに、きっと飽きてくるのです。

私たちは仕事で落ち込むことや、上手くいかないことなど、一見するとネガティブで味わいたくないことを味わっているからこそ、週末の旅行の予定がより輝いて感じるのです。

比較対象があることが、私たちのポジティブをよりポジティブに創り上げている。そう考えるとネガティブも私たちには大事な要素なのかもしれませんよね。まずはネガティブ＝悪と考えていた事実を認識しましょう。

他者評価に惑わされる心

私たちが自分を評価するときに基準とするものが2つあります。それが自己評価と他者評価です。文字通り、自己評価とは自分で自分（私）を評価すること、他者評価は他者が自分（私）を評価することです。

ところが自分で自分を客観的に見て判断する、というのは想像以上に難しいもの。ですから、私たちは他者評価に依存しがちなのです。これはどちらかがよくてどちらかが悪い、というものではありません。

私たちは本来、いろいろな物の両方をバランスよく使って自分をよりよい方向へ高めていければいいのですが、体が左右対称になれないように思考のバランスもどちらかに偏りがちなのです。

例えば、プロジェクトリーダーに抜擢された社員さんがいたとします(仮に男性社員としますが)。彼自身はプロジェクトリーダーとして自分は力不足だと感じています。ですが、上司は彼ならプロジェクトリーダーの役目をしっかり果たすだろうと任せるわけです。

この場合の彼が彼自身を評価する、自己評価は低いものとなります。ここでは100点満点中、

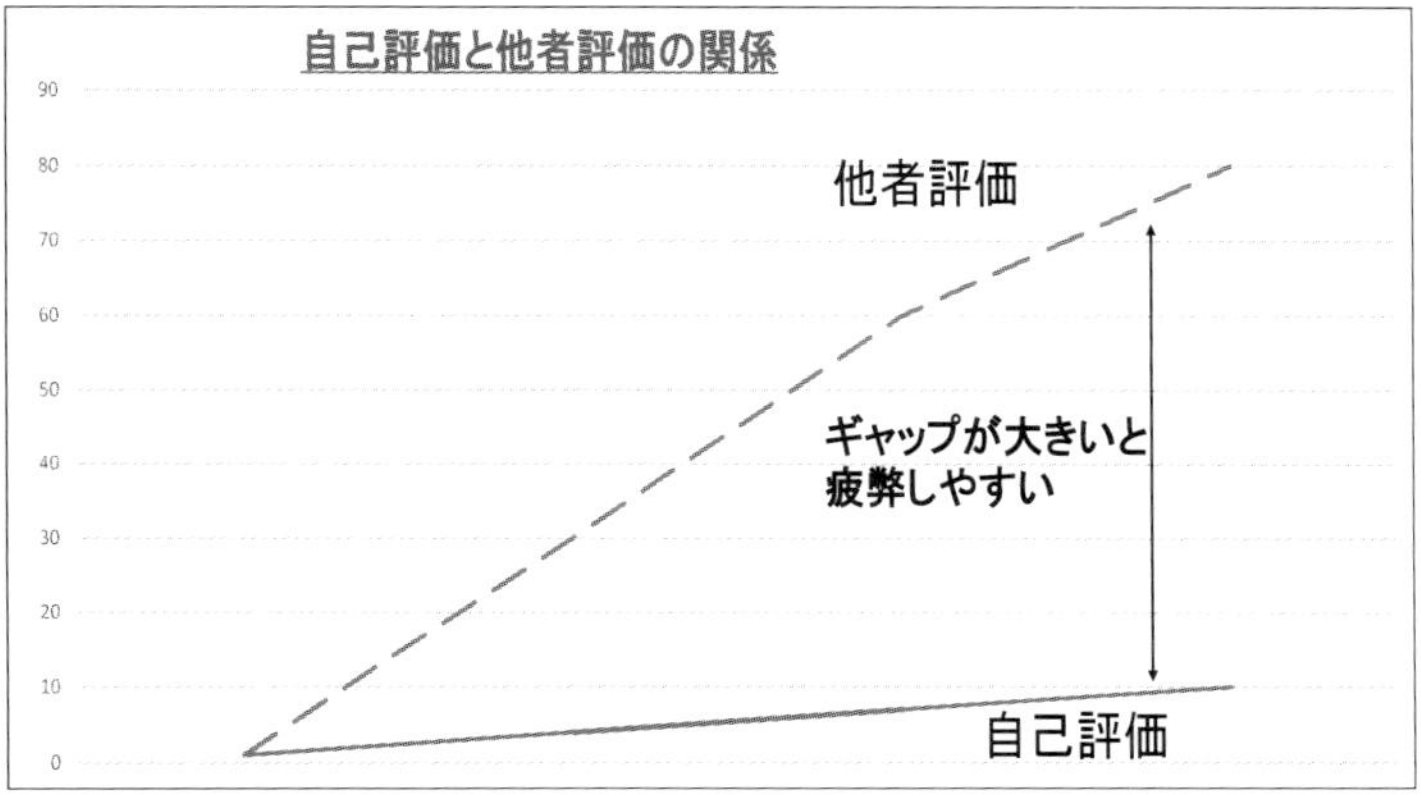

10点としましょう。しかし上司が彼を評価する他者評価は１００点満点中80点となります。そうすると彼が出した10点と上司が出した80点の評価のギャップに苦しむことになります。

私の相談者さんにもこのタイプが多いのですが、「自分なんて何もいい仕事ができないのにリーダーに選ばれていいわけがない」とおっしゃいます。

そしてプロジェクトが成功すると、「皆が協力してくれたおかげで成功した。自分の力ではなく周りの力だ。今回はリーダーとしてたまたま上手くいっただけ」とおっしゃるのです。

一方で彼を抜擢した上司は「彼なら役目をしっかり果たすと思っていた、さすがだ」と評価します。

このように自己評価と他者評価のギャップが大きいと私たちの心はいつの間にか疲弊していまい、鬱々とした気分を抱え込む原因にもなってしまいます。

さらによくないことに彼自身が自分を10点と評価して

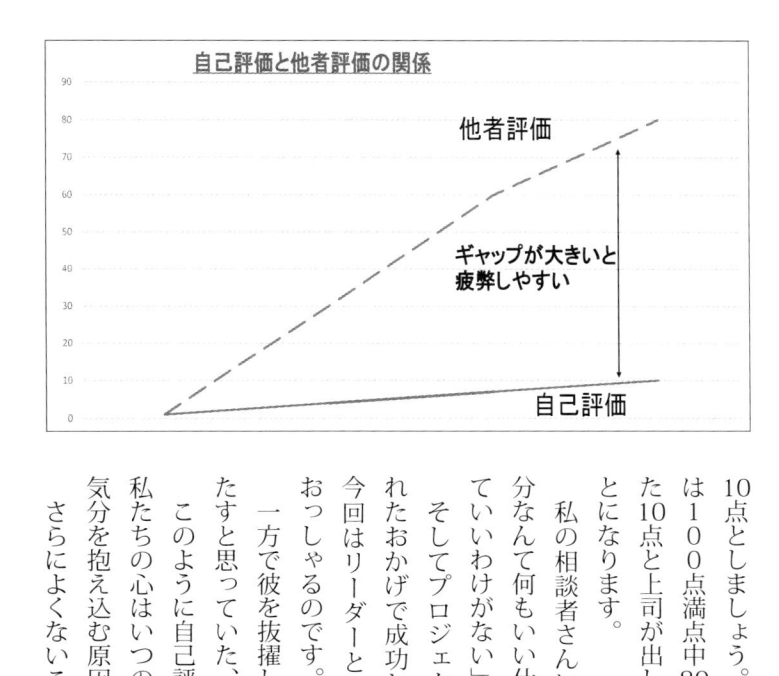

いますから、プロジェクトを成功させるために大小様々な我慢を重ねてしまう場合があります。終わらないから残業しよう、なんて典型的な例ですよね。しかもプレッシャーから休日でもプロジェクトのことが頭から離れないでしょう。

こうした我慢の末にプロジェクトが成功してしまうと、彼自身は次回も我慢を重ねて成功させなければ、と思ってしまうのです。彼の心と脳と体が今回の成功体験が我慢の上に成り立ったと学習するからです。私たちの脳や心はこうした経験を学習して同じことを繰り返すことで似た結果を呼び寄せようとする傾向があるのです。

集団で生活する私たちの心

人間は常に集団で生活する生き物です。いくら「私は1人で生きていきます」、と言ったところで、生活に必要な水や電気・ガスから食べ物や住まいまで自分1人で1から組み立て創り上げるのは不可能です。ですから、私たちは集団の中でお互いに支え合って暮らしていくことが必要と言えるでしょう。

集団生活は何も物質面でのみの話ではありません。私たちは集団でいることにより、孤独を感じにくくなっています。誰とも会わず一言も話さない日が数日ならば耐えられる、という方も、それが何年も続くと孤独を感じ、心にストレスを溜める原因にもなります。集団での役割があることで、私たちは心の平穏を感じることができる、というのも1つのメリットです。

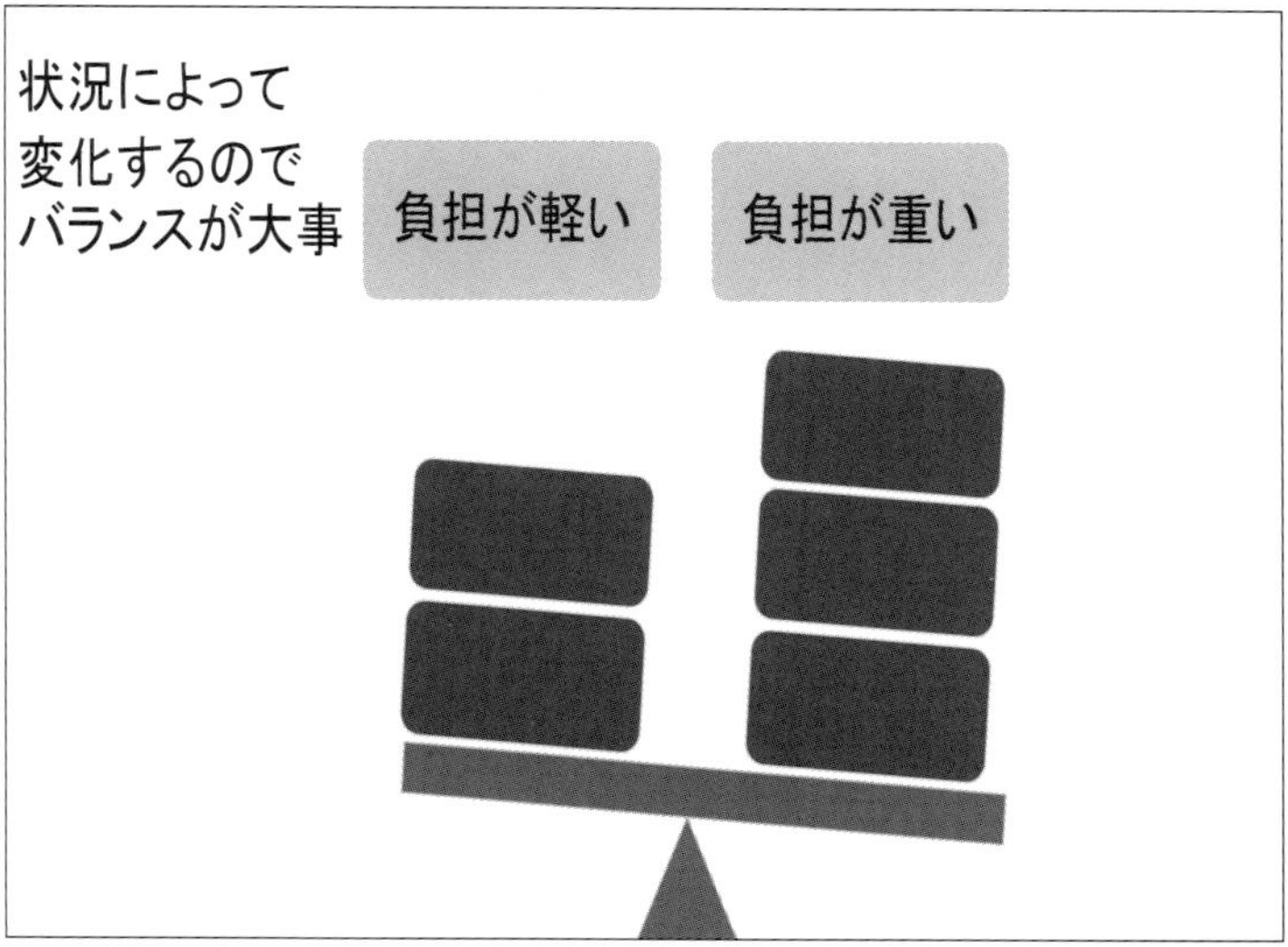

また、最初にも申し上げましたが、私たちの価値観や思考のもとになる経験は他者との関わりで育まれていくものです。私たちはお互いに身近な家族や友人と影響を与え合って、価値観や思考を磨いていくのです。私たちの心を成長させるには他者との関わりはとても重要なものだと言えるでしょう。

ただし、あまりにも集団であることに重きを置いてしまうと、私たちは極端に行動してしまいます。それが他者の期待に応えるということです。

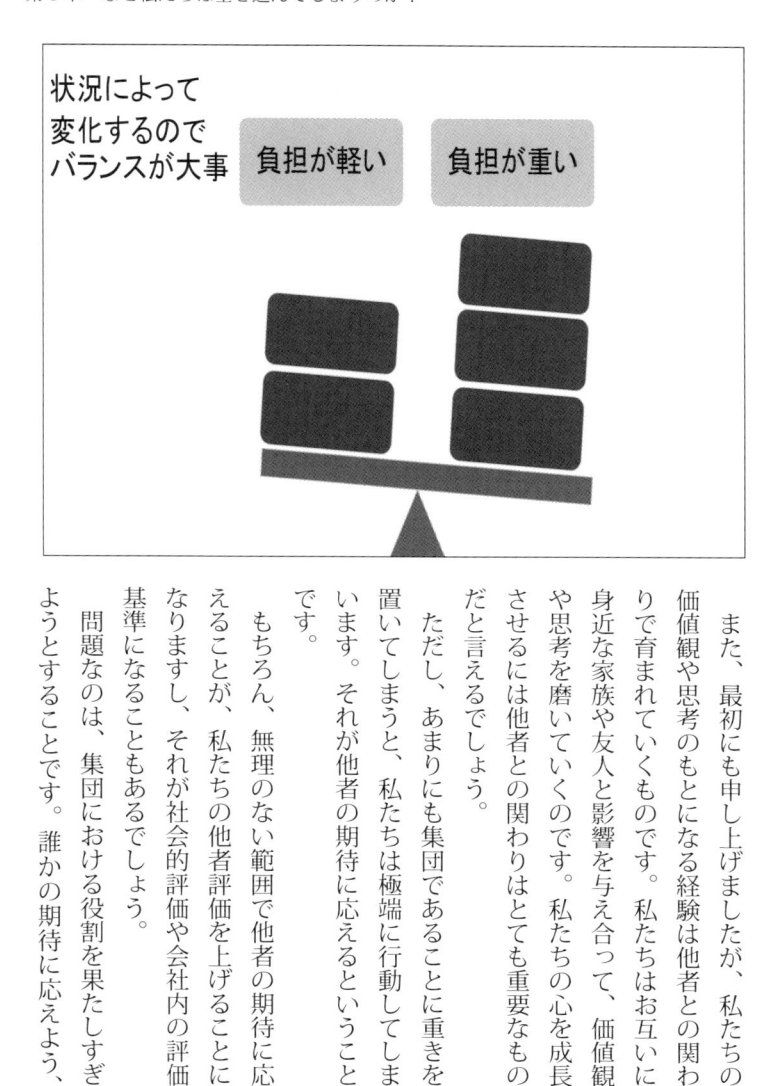

もちろん、無理のない範囲で他者の期待に応えることが、私たちの他者評価を上げることになりますし、それが社会的評価や会社内の評価基準になることもあるでしょう。

問題なのは、集団における役割を果たしすぎようとすることです。誰かの期待に応えよう、集団の中で自分を確立していこうとするあまり、自分自身を犠牲にする必要はありません。

先程のプロジェクトリーダーに抜擢された例のように、誰かのためだけに自分を犠牲にして走り続ける必要はないのです。とはいえ、会社であれ家族であれ、集団という組織に属している以上、自分の仕事を後回しにしても誰かのために動くことが必要なこともあるでしょう。

私がいつも相談者さんにお伝えしているのは、偏りすぎないこと。どちらかがよくてどちらかが悪い、の話はしていないのです。

受験生がいるご家庭では、受験生を優先して、他のご家族が調整して生活する必要があるでしょう。会社が繁忙期のご家族がいれば、当然その方の家庭の役割は少し負担を減らすでしょう。その分、誰かが担わなければいけない、そんな時期があっていいのです。

ただ、その時期が果てしなく続いてしまうと、心は疲れてしまいます。時期によってなのか、1日の中での調整なのか、はそれぞれですが、バランスよく整えていけると心も大きな負担を抱えることなく過ごしていけるのではないでしょうか？

比較で心を乱される

先に述べたように、集団で生きる私たちは孤独を感じず、役割を果たすことができます。

ところが、集団というのはデメリットも当然あって、それが他者との比較と言えるでしょう。

学校生活では、日本は特に皆と同じや平均であることが大切とされる傾向にあります。その中で、

自分の長所 できることリスト	自分の短所 できないことリスト

勉強なら誰々が得意、運動なら誰それが一番、などと他者との比較が始まるのです。

特に日本人は揃っていることを重視します。誰かと同じ、皆と足並みを揃える。もちろんそれが悪いことなのではありません。ときに心を揃えて何かを行うことが大きな結果に繋がるからです。

しかし一方でよい結果をもたらす集団意識は、他方で私たちの心をいつの間にか傷つけています。

例えば、誰かと比べて勉強ができないと感じた学生時代がある方は、私って勉強できないな、と思ったこともあるでしょうし、社会人になって営業成績が振るわないときは、結果の数字を見て落ち込むことでしょう。また、同期の誰々と比べて物覚えが悪いときは、１人だけ取り残されてしまうような恐怖を感じたのではないでしょうか？

このように、私たちは幼いころからいつの間にか他者と自分を比較する癖がついていて、無意識に他者より劣る自分を責め続けているのです。

いじめが社会問題となり、学校や会社では他者からの謂われない誹謗中傷に厳しいチェックが入りますが、実は私たちは自分で自分を傷つけることに関して、驚くほどチェックが甘く、思いやりが持てないのです。では、他者比較とは、ゴミ箱に捨ててくればよい思考なのでしょうか？

これが違うので私たちは余計に苦しむことになりますね。他者比較とはある意味では自分の客観的な立場を推し量るのに重要な役割を果たします。

自分の力が今どのあたりか、を知るにはやはり他者と自分を比較していくしかないのです。

ここで大切なのは、他者と比較した結果に感情を乗せないこと。比較の結果に思いを乗せてしまうと、途端に私たちを傷つける凶器になります。

「誰々より劣っているからだめ、私の力はまだまだ足りないからだめ」

この思考は大きくなりすぎるとストレスとなって私たちに襲いかかりますので、あくまで他者評価は必要だけど宝物にするものではない、ということを覚えておいていただきたいのです。

その上で、私たちの自分マニュアルには、どんな情報を書きましょうか？　何が得意で何が苦手か。得意だから偉いとか苦手だから価値がないとかではなく、ただ事実として今の自分について書き出してみましょう。

自己嫌悪な私たち

ネガティブや他者比較など、少しマイナスなイメージの思考を解きほぐしてきました。マイナスなイメージの思考は何故こんなに私たちの心を支配するのでしょう？

私たちはどうしてもマイナスな印象を記憶しておくようにできているのです。

私たちの遺伝子は、その生命を守るために危険や不安から逃れようとする性質を持っています。楽しく生きる、充実した生活を送る、よりも、とにかく生命を維持することが最優先事項だからです。今後同じことで私たちが傷つかないように、危険な目に会わないように、私たちの体がマイナスなことを記憶していてくれて、そこを回避することで生命を維持しようとしているのです。

無意識の反応とは言え、私たちはいつでも体全体に守られているのですね。

さて、そんな風にマイナスな印象を記憶している私たちですが、この影響が大きいと自分で自分を否定してしまうことが多くなります。

ありがちなお話ですが、勉強が苦手な小学生の子どもが、お家の方に「誰々ちゃんはテストで100点だったのにあんたは60点なの？　勉強ができない子だね、だめな子ね」と言われたとします。少し大げさに書きましたが、こんな経験したことがある、という方もいるでしょうね。

子どもというのは大人の言うことをスポンジのように吸収して記憶しておくものなのです。子どもも自身が忘れたとしてもそれは潜在意識の奥深くに刻み込まれます。

この事例の子どもは、「ああそうか、私は頭の悪いだめな子なのだ」と理解して、事あるごとに、「だから私はだめなんだ」、という言葉を自分に投げかけます。

日本人は特に、自分で自分が嫌いな方が多いように思います。私の相談者さんも当然ですが、自分が大好きです、という方はいません。「私は能力が低いし、失敗も多いんです。子どものころから人と同じようにできなくて、何につけても劣っていました」と言う方が多いです。

自己嫌悪するのが悪い、と申し上げているわけではありません。もちろん、しないでほしいな、とは思いますが、それを強制的に「自己嫌悪してはいけません」と言うと、今癖づいている思考に新たな癖を強制的に上書きしようとするようなもの。ファンタジーではありませんから、記憶や思考の上書き保存なんてできっこありませんよね。

最初は意識が強いので、自己嫌悪しない、とある程度コントロールできても、いずれほころびが出て上手くいかなくなり、上手くいかない自分を責め立てる、という自己嫌悪のループに逆戻りです。まずは、自分マニュアルを完成させるためにも、私たちは自己嫌悪しやすくて、それで無意識に自分を嫌っている、ということを理解していきましょう。そこに善悪の判断を乗せる必要はありませんよ。

人間だけが過去と未来に囚われる

過去と未来に想いを馳せることができる生物が人間なのだと言われています。

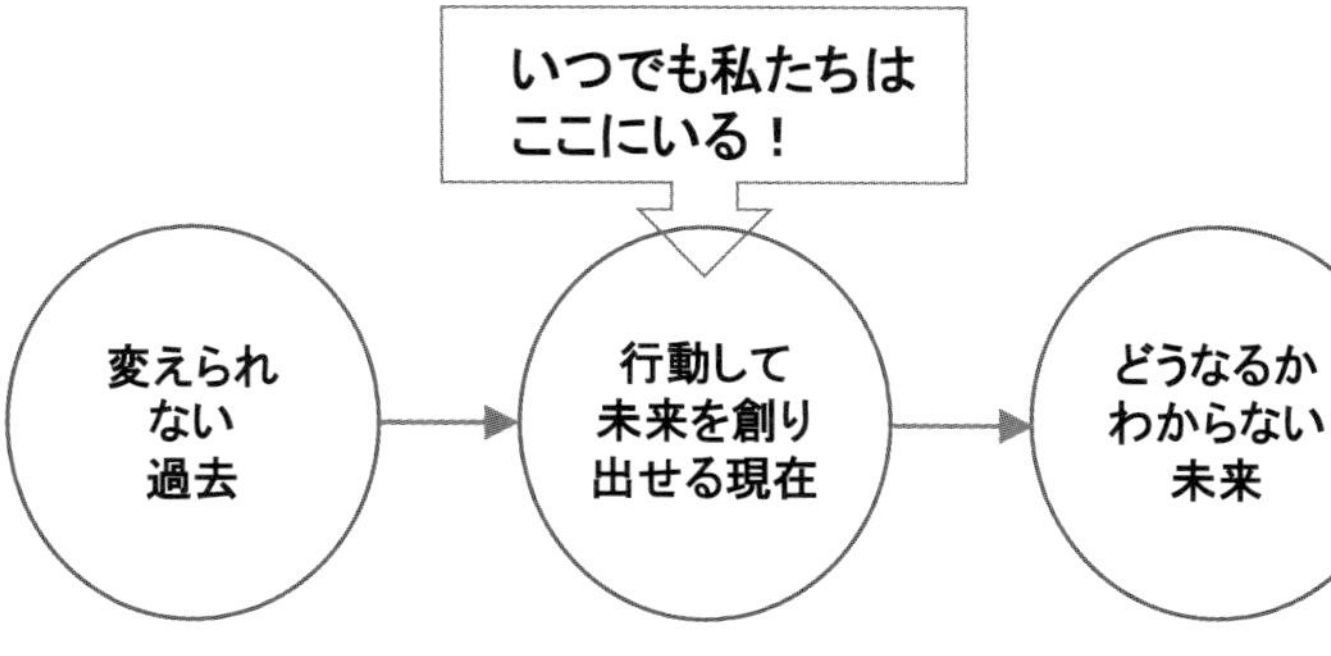
いつでも私たちは
ここにいる！
変えられ
ない
過去
行動して
未来を創り
出せる現在
どうなるか
わからない
未来

人間以外の動物には、過去を悔やむことも未来を憂えることもできないのですね。動物は学習しますが、確かに過去や未来に想いを馳せるというのは聞いたことがありません。

年配の方々から、よく「昔はね」なんてお話を聞きますし、若い方からは「この先が漠然と不安です」という悩みを聞きます。私たちはどうしても、過去の記憶に囚われて起きない未来を憂える生き物のようですね。

私自身、研修で「今現在を大事にすることで未来が変わります」とか「今ここを注視してください」と教わったことがあります。教わった当時は何を言われているのかわからなかった記憶があります。今ここが大事、注視する、というのはなかなか難しいことですよね。あと、私が集中して講義を聞いていなかった可能性もありますね（笑）。

過去は振り返ってしまいますし、未来はどうなるんだろうと不安になります。しかし変えられない過去のことをいくら考えていても無駄だ、というのが私が共感している意見です。

最初のほうでお話しましたが、タイムマシンはできていないのです。誰も過去に帰れません。過ぎた時間を取り戻すことは今現在は誰にもできないようです。

そして、起きるかどうかわからない未来を憂える時間も無駄、というのが私が共感している意見です。どうしよう、明日隕石が私の頭の上に降ってくるかも、と思ったらどこにも出かけられませんし、仕事にもなりません。さすがに隕石に怯えて外出できない方は少数派かもしれませんが、来るか来ないか、今の時点でわからないものに怯え続けるのは疲弊の原因です。

過ぎ去った過去を懐かしみ、まだ見ぬ未来に希望を抱くのは大いにやっていきたいものです。ただし、それに心を囚われすぎるあまり、今この瞬間を大切にできないのは本末転倒です。

私たちが経験した過去が今の私たちを創り上げ、私たちが生きている今がまだ見ぬ未来に私たちを連れていくのです。

大事なのは心を弄ばれることではなく、過去を受け止めて夢見る未来へ行くために今この瞬間にできること、やりたいこと、やったほうがいいことに目を向けることです。

私たちはただ、未来に向かって「行ってきます」と1歩を踏み出せばいいだけなのです。

♡ 不幸と感じたい理由

私の相談者さんにはあまり見かけませんが、企業ではよく、不幸の自慢をする方と出会います。「自分はこれだけ頑張ってる」「自分だけが大変だ」「自分は役職についているから一般社員より忙しい」と切々と訴える方々です。周りの社員さんが疲弊してしまうほどの不幸自慢の方もいて、何だか部署全体が重たい空気に包まれているような錯覚がします。

さて、この不幸自慢、なぜ起こってしまうのでしょう？　承認欲求、という言葉がメジャーになりました。私たちは元々、他者に認め称賛されたい生き物なのです。

不幸自慢をされる方は、誰かに認めて欲しいのかもしれませんよね。自分の頑張り、自分の努力や思い、そういったものを誰かに認めてもらうことで自分を保っているのかもしれません。

また、自分が不幸と皆に認めてもらうことで、自分の存在を確立したいという思いもあるでしょう。人間は孤独では生きていけない生き物ですからね。不幸をアピールすることで他者からの注目を集めることになり、存在を認めてもらうことに繋がり、一瞬の満足感を得ることになります。

ただし不幸を拡散することにより満たすことができた承認欲求は、それが枯渇したときにはまた同じように不幸を感じ、アピールすることで満たせると思ってしまうのです。何しろ私たちは学習する生き物ですから。

さらに、不幸をアピールすることで、言い訳をすることへの抵抗感が薄まる効果もあります。皆さんも経験はありませんか？「体調不良で全然勉強できないままテストを受けた」。これは、もしも点数が悪かったとしても、体調不良という不幸に見舞われていたから仕方ないという免罪符になりますし、もしもそれなりの点数が取れていたら、あまり勉強してなくてもいい点数だった、という称賛をもらう切符になりますので、承認欲求が満たされるでしょう。

このような根底の思いにより、私たちのいわゆる不幸自慢が幕開けとなります。

不幸自慢は多くの場面で潜んでいます。例えば高齢になってくると、どれだけ薬を飲んでいるかの競い合い。お子さんをお持ちの方は子育ての苦労自慢。会社にお勤めの方は業務過多を自慢したくなるでしょう。本人には自慢しているつもりがなくても、聞いている方はうんざりしてしまうような話は、相手が承認欲求を満たすまで延々と続きます。

私の相談者さんは、優しい方が多いので、お話に延々と付き合ってしまい、疲弊を感じる方がいます。これもご自身の心を鬱々とさせてしまう原因かもしれませんね。

人間はときに不幸自慢をして自分の心を満たしたいものなのです。これも記憶しておきたい私たちの癖ですね。

克服のための視点について

さて、ここまで私たちが何となく気持ちを沈ませてしまう理由や出来事について書いてきましたが、ここで少し沈み込んだ気持ちを克服するための視点についてお話しましょう。

私たちの気分を決めているもの、それは私たちの物の見方なのです。物事をどのように捉えているのか、によって気分が変わります。私の相談者さんには先程も申し上げたように、「ポジティブになりたいのにどうしてもネガティブに考えてしまう」と悩んでいる方がいます。後で申し上げますが、無理にポジティブになる必要はないと私は考えます。

ですが、相談者さんがそうなりたい、そうなれば心が落ち着く気がする、と感じるのならばその

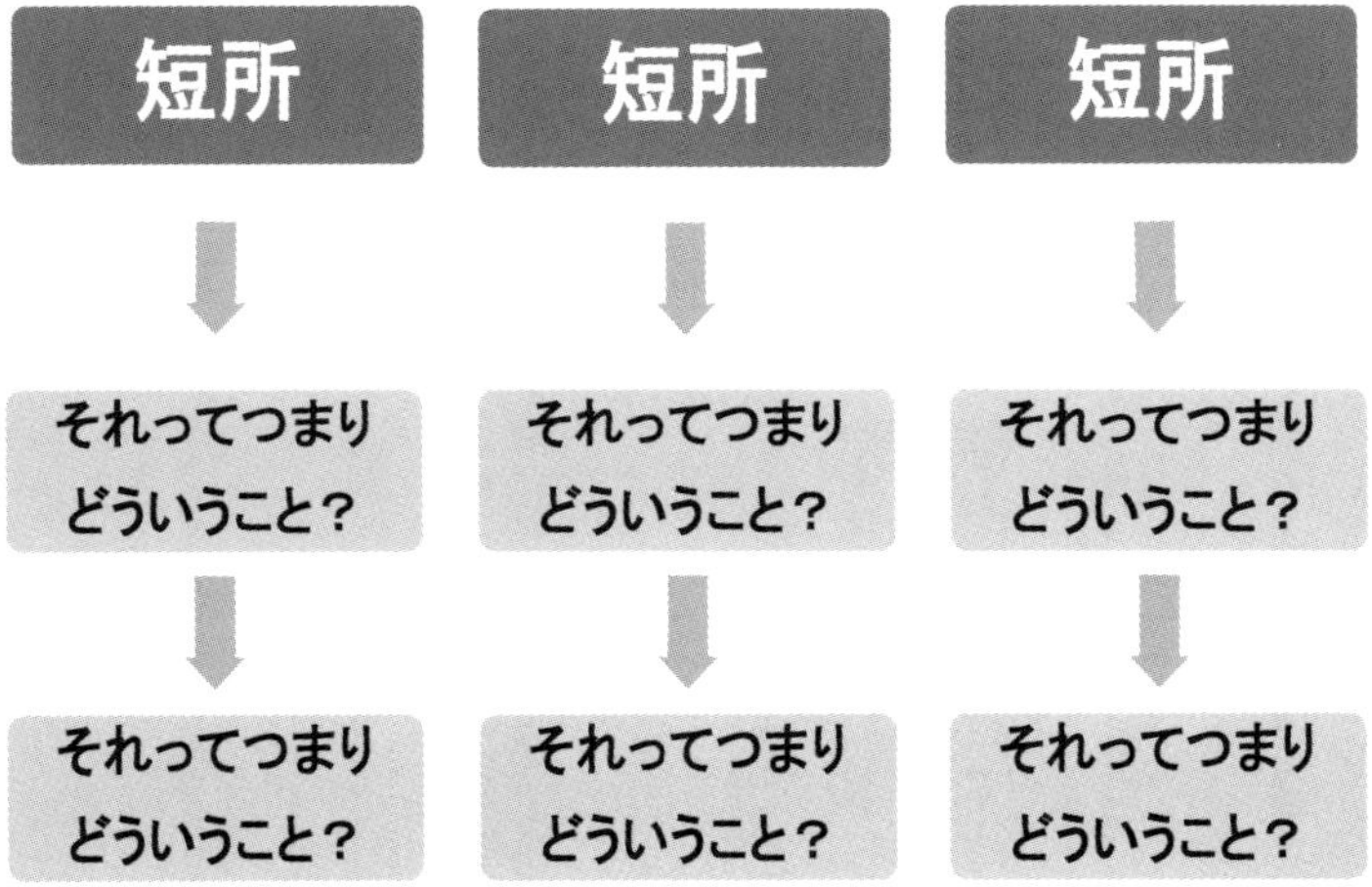

理想に近づくアドバイスはします。自分の癖づいた視点を変えるのは正直なところ、とても大変です。しかし少しずつでも練習することで癖の上塗りはできますので安心してくださいね。

身近なところで言うと、ご自身の性格について考えてみるのも１つの方法です。

私の相談者さんは特に、ご自身の長所は１つも出てこないのに、短所を伺うと湯水のように湧いて出る方が多いです。

その短所を別の言い方で長所に変えられないか考えるのです。もちろん、一発でポジティブにならないこともあるでしょう。その場合は、最初に出した言葉より少しマシになったかな、程度で大丈夫です。

試しにやってみませんか？　あなたの短所を３つ教えてください。

例えば、ネガティブに考えてしまう、という短所が出てきたとしましょう。

考え直すコツは、それってつまりどういうこと？　と質問すること。ちょっとやってみますね。

ネガティブに考えるってつまりどういうこと？　ネガティブに考えるって、悪いほうに考えるってこと。悪いほうに考えるってつまりどういうこと？　悪いほうに考えるっていいところが見つけられないってこと。いいところが見つけられないってつまりどういうこと？　いいところが見つけられないって、欠点が見えてしまうってこと。

欠点が見えてしまうってつまりどういうこと？　欠点が見えてしまうって、そこが弱点だとすぐわかるってこと。弱点がわかるってつまりどういうこと？　弱点がわかるって、それを改善したらよくなるポイントがわかるってこと。

これは私の考えた一例ですが、こうした後で最初と最後だけを切り取ると、「ネガティブに考えるって、改善点がすぐに見つけられるってこと」、と長所に変わりましたよね。最初はこじつけみたい、と思うかもしれませんが、回数をこなしていくうちに上手にできるようになりますよ。

自分の心を全部未来に連れて行く

本書をお読みの方の中には、ポジティブに考えられる自分に生まれ変わりたい！　と考えている方が多いのではないでしょうか？

今までの自分とは違う思考に生まれ変わることができれば、この先の人生がきっと薔薇色のようにうまくいく、と考えている方もいるかもしれません。生まれ変わるってとても魅力的で素敵な言葉ですよね。もちろん、その思いを否定はしませんし、そうなれたら素晴らしいと思います。ですが、明日、別人になるって、ちょっと無謀かもしれないと思いませんか？

ポジティブに思考を変える！　と思うことはできますし、事実、意識して練習すれば私たちの思考はポジティブな癖がつきます。ただ、それには時間がかかりますし、今までの自分の癖をかなぐり捨てて中身を総取り替えするような行為はなかなかハードルが高そうです。

私が相談者さんにじっくりとお伝えしているのが、ご自身の心を全部未来に連れていくこと。先の項目で挙げていただいたように、私たちは自分の短所を山のように出せますよね。そして願わくばその短所をすべて捨てて別人になりたいと思っている。そのようにできれば理想的ですし、そこを目指すことを否定しませんが、私のおすすめは、短所がある自分もネガティブな自分も全部連れて未来に進むことです。

私たちは、過去を経験して今を生きています。もちろん嫌なこともたくさんありましたし、記憶から消し去りたいことも多いです。忘れられたら一番嬉しいですが、なかなか難しいのであれば、もうその消したい過去を一緒に連れていくのです。例えば、私は学生時代にいい思い出はなく、これは消し去りたい過去です。でも子ども時代をなくすことはできませんし、実際嫌な思いをしているので無理やりいい思い出に塗り替えることも不可能です。

ですから、嫌だった学生時代を連れて未来に進みます。すると、相談者さんの中に不登校のお子様をお持ちの親御さんがいらっしゃったときに、こう言えるのです。「私も学校に行きたくないっ

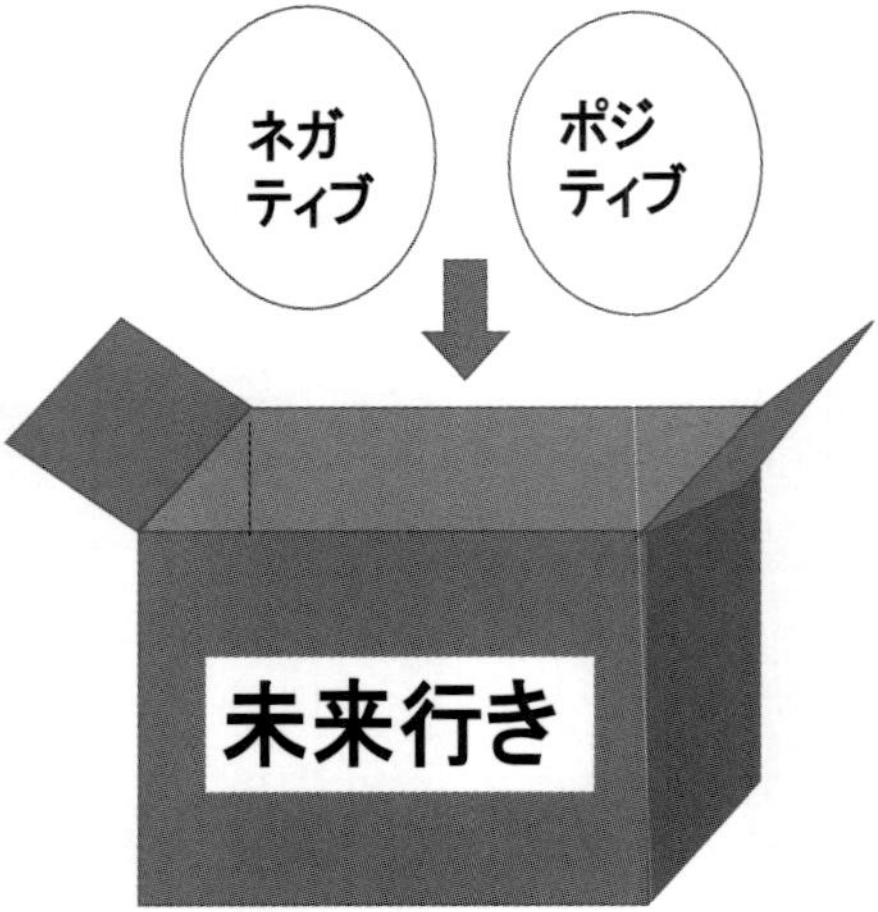

て思ってましたよ。楽しく行けたら一番いいでしょうけど、無理に行く必要はないかもしれませんね。でも、勉強だけはどのような形でもおこなったほうがいいと思います」と。

これって、学生時代が楽しくて、今もクラスメイトと仲よくしてて人生充実している人には言えないセリフですよね。私は嫌な学生時代を過ごして、でも今充実してますよ、というのは現在進行系でお悩みのご家族には少し救いの言葉になるようです。

「学校は行ったほうがいいから、どうしたら行けるか考えましょう」はお子様も親御さんも辛いでしょう。でも学校はまあ置いておいて、何か学びは続けたほうがいいですね、は多少受け入れやすいアドバイスです。

ポジティブに生まれ変わらなくても、ネガティブを一緒に未来に連れて来た結果、怪我の功名のような出来事はこれからたくさん起こるのです。

第2章　自己肯定感を高める方法

♡ そもそも自己肯定感とは

自己肯定感という言葉がメジャーになりました。皆さんも一度は耳にしたことがあると思います。私たちには、ポジティブに前向きに生きて幸せになりたい！　という理想がありますから、この自己肯定感が高い、という言葉は何だかとてもキラキラした素敵なものに見えますよね。

でも最近、自己肯定感という言葉が独り歩きしていて、意図する方向がズレているように感じることがあります。自己肯定感、というのはポジティブで前向きでやる気に満ち溢れた状態の自分を肯定することで、ネガティブでくよくよして気力がない状態の自分を何とか上向きにしていくこと、と思っている方がいらっしゃるのです。

皆さんの中にも、はっきりした定義づけはしていないけれど、漠然とポジティブになること、だと思っている人がいるのではないでしょうか？

自己肯定感とは本来、自分自身をまるごと肯定する感覚のことです。ポジティブな自分だけを受け入れてネガティブな自分を否定してください、という意味ではないのですね。

つまり、できない自分ももがいている自分も、だめな自分も弱い自分も情けない自分も全部含めて自分という存在を自分で肯定すること、が自己肯定感ということなのです。

だめな自分を認めるなんて、できるわけない、と思う方もいますよね。確かに自分の弱い部分や情けない部分、できていない部分なんて目にしたくないです。

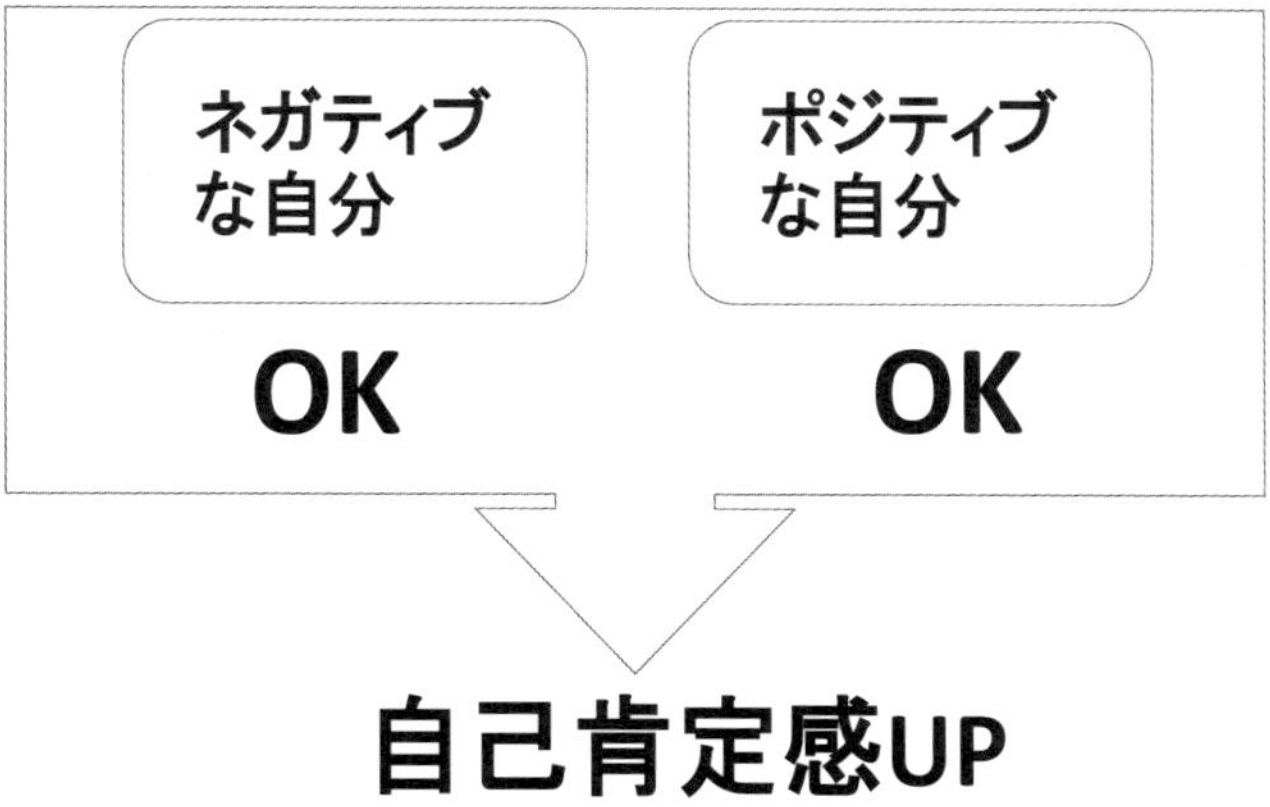

でもここを認めることができないと、いつまでたっても自己肯定感を高める、という行為にならないのです。

仕事ができない自分はだめだな、家事や育児を完璧にこなせない自分はだめだな、だから完璧にできるようになって、自己肯定感を高めなきゃ！　じゃないのです。

仕事ができない自分がいる、家事や育児を完璧にできない自分がいる、でもそれもアリだよね、全部完璧にこなす失敗しない超人みたいな人いないもんね、じゃあ頑張ってる自分は今はこれでよし！　これでいいのです。

私は、仕事先の方やお友達に、ものすごく仕事を頑張っている超人だと思われることがあります。

これは独立する前の会社員時代からそうでした。独立した後は特にそのように思われます。

ですが、一方で生活センスが全くないです。家事全般は苦手ですし、できればやりたくありません。得意か不得意かで言えば不得意です。人によってはいい大人が料理も洗濯も満足にできなくて、と白い目で見るでしょう。

でも私はそんな欠点を自分の個性であり特性だと思っています。気が向いたら努力したいけど、できなくても、ま、いいか、と。

我が家は早急にルンバと食洗機と乾燥機付き洗濯機を生活の仲間にする必要があるだけです。私は別に全部完璧な超人になりたいわけではありませんので。

ポジティブとネガティブについて考える

さて、先程から何度も出しているポジティブとネガティブについてです。私たちはポジティブとネガティブと聞くと、どうしてもポジティブがよくてネガティブが悪いような気がしますよね。ポジティブに考えると聞くと、前向きに積極的に考えることですので、余計によし悪しの判断につながってしまいます。

ポジティブに考えたほうがいい、という意見には私も賛成です。前向きにエネルギーを使うことはとてもいいことです。ですが、一方でネガティブを捨て去るという意見には賛同できません。

ネガティブに考えることも、時には必要だと思っているからです。例えば、明日大事なプレゼンを控えている会社員の方が、「大丈夫、きっとうまくできる」とポジティブに考えることはとても大事です。ですが、ポジティブだけでOKだとすると、楽観的に構えて準備もそこそこで大丈夫と考えることにもなります。

ところが、ここでネガティブが出てくると「明日プレゼンだけど資料の不備はないかな？　もう一度手順を確認しようか。明日はちょっと早めに会場に入って…」と考えますよね。準備をもう一度確認すると、必ず不備や忘れ物が出てきます。ポジティブに、大丈夫大丈夫と考えていたら明日は忘れ物をしたでしょう。

私もセミナー前やイベントの前日は手順や準備を確認しますが、特に企業の新人研修など荷物や資料が多いときはだいたい忘れ物をします。

また、そういう特別なときって、だいたいトラブルが起こるのですよね。

私はよくプロジェクターが映らない問題に見舞われます。もちろん何度もお邪魔していてうまく行く会場もありますが、初めての会場や時間ギリギリで入ってしまった場合に、気持ちが慌てているのも手伝って映らない問題に遭遇します。そしてだいたい会場の方や周りの皆さんに助けていただいて開始できるという、人に恵まれた人生です。助けていただいた皆さんありがとうございます。

また研修では忘れ物をよくします。ときには小道具を使おうと思ったのに忘れて、研修が始まりその小道具を使う場面まで気づかないなんてこともあります。「えーっと、使おうと思ってたものを忘れましたのでこのまま進みましょう」と言うことも何度もあります。

ですから、ネガティブは危機管理には重要な要素だと思っています。これで大丈夫かな、ちゃんとできるかな、とネガティブを何度も出すことによって、私たちは失敗や予測できるトラブルを回避することができるのです。そういった意味では私はもっとネガティブになるべきですね。

ネガティブはゴミ箱に捨ててはいけない大事な要素ですので、捨てた方は拾ってきてください。

自分を受け入れるということ

ネガティブな自分も含めて肯定することが、自己肯定とお伝えしました。ポジティブな自分を受け入れるのは簡単ですが、ネガティブな部分を肯定するのはなかなか難しいですよね。

それは私たちがポジティブとネガティブによし悪しをつけてしまうせいでもあるのですが、私たちがポジティブに価値を見出してネガティブの価値に気づいていないせいでもあるのです。

自分の思い通りにうまくいかなくて、鬱々としてしまうとき、こんな自分に価値なんてない、と思っていませんか?

子どもの頃は、誰々より勉強ができない自分に価値はない、と思っていたかもしれないし、大人になってからは誰々より仕事ができない自分に価値はないとか、あの子より可愛くない自分なんて頑張っても彼から好かれないなんて恋愛の悩みにも繋がっているかもしれませんね。

他者評価の部分でも説明したように、私たちは誰かの評価に踊らされることがあるのです。他者の意見に耳を貸すな、という意味ではなく、貸しすぎるから迷いがちだという事実があるのです。私たちの価値は本来、私たちが自由に決めていいのです。

私は仕事以外のセンスが全くない自分でも価値があると思いますが、他の方から見たら生活センスがないなんて価値がないと思うことでしょう。調理方法がわからない食材が多い私を見て「あり得ない」と感じる人もいるはずです(とうもろこしは水から茹でるのか、お湯から茹でるのか、とかね）。それで私のことを常識がない、と言う人がいることも理解しています。でも私は誰かと比べてつけた優劣にすがって生きていく気がないので、傷つきますが気にしません。もちろんいただいた意見はありがたく頂戴しますし、反省はします。

価値観なんてそんなものではないでしょうか？

キュウリを収穫したとしましょう。まっすぐな形のよいものは市場に出回ります。ですが、同じ農家さんが同じ畑でつくっても形が歪でちょっと太くなりすぎたキュウリもあるわけです。同じ畑なのだから味に大差はなく、どちらも美味しいキュウリです。ではこの形が歪なキュウリには価値がないのでしょうか？

市場に出回るという点においてはそうかもしれませんが、飲食店で美味しい料理になれば価値になりますし、少し安く売っているのであればむしろそちらを買いたいという人もいるでしょう。

このように見る人や見る方向によって価値というものは変わるのです。誰かにとって価値がないものでも他の誰かにとって価値があるもの。リサイクルなどはこういった観点でうまく回っていますよね。

誰かと比べてつける優劣は、ときに私たちの嫉妬心に火をつけて向上するためのエネルギーになりますので、いらないわけではないのですが、他者と比べてつけた優劣に今、苦しんでいる方がいるのなら、「それはよくない」と否定するのではなく、「優劣に左右されることもある、人間だから迷って悩んで泣く日もあるよね」、と自分に声をかけてあげるのが自分を受け入れる、の究極なのです。

「悪いから」、を「悪いけど」、に変える

インターネットが普及し、オンライン会議やリモートワークが浸透してきたとは言え、私たちは他者との関わりが不可欠です。誰かとの関わりの中で、お互いに助け合う場面も出てくるでしょう。

仕事中に上司や同僚から追加の業務や差し込みの案件が回ってくることはありませんか？

「手伝ってほしい」や「納期が近いものが間に合わないから、ここを担当してほしい」など、理由はさまざまでしょう。しかし私たちには日々の業務や抱えている案件があります。

こんなとき、私たちの心には葛藤が生まれるのです。自分の仕事もあるけど、同僚の案件のほうが忙しそう…。手伝ったら私の仕事は定時に終わらないけど、急ぎって言ってるし…。そうして私たちは相手の仕事を助けるためにそちらを優先してしまうことがあるのです。

もちろん、お互い様なので助け合って忙しい部署を何とかするのが組織です。ただし、私自身にも経験があるのですが、これを続けてしまうと困った現象が起こるのです。

「困ったことやわからないことがあれば、清野さんに聞けばいい」

この、私以外にとっての魔法の言葉が、部署内に暗黙の了解のように蔓延してしまうのです。

私に教えられることや手伝えることは精一杯やります。ただ、自分で少し調べたらわかることや、ちょっと頑張れば自分でできそうなことまで私に聞けばいい、と思い始める人が出てくると問題になります。

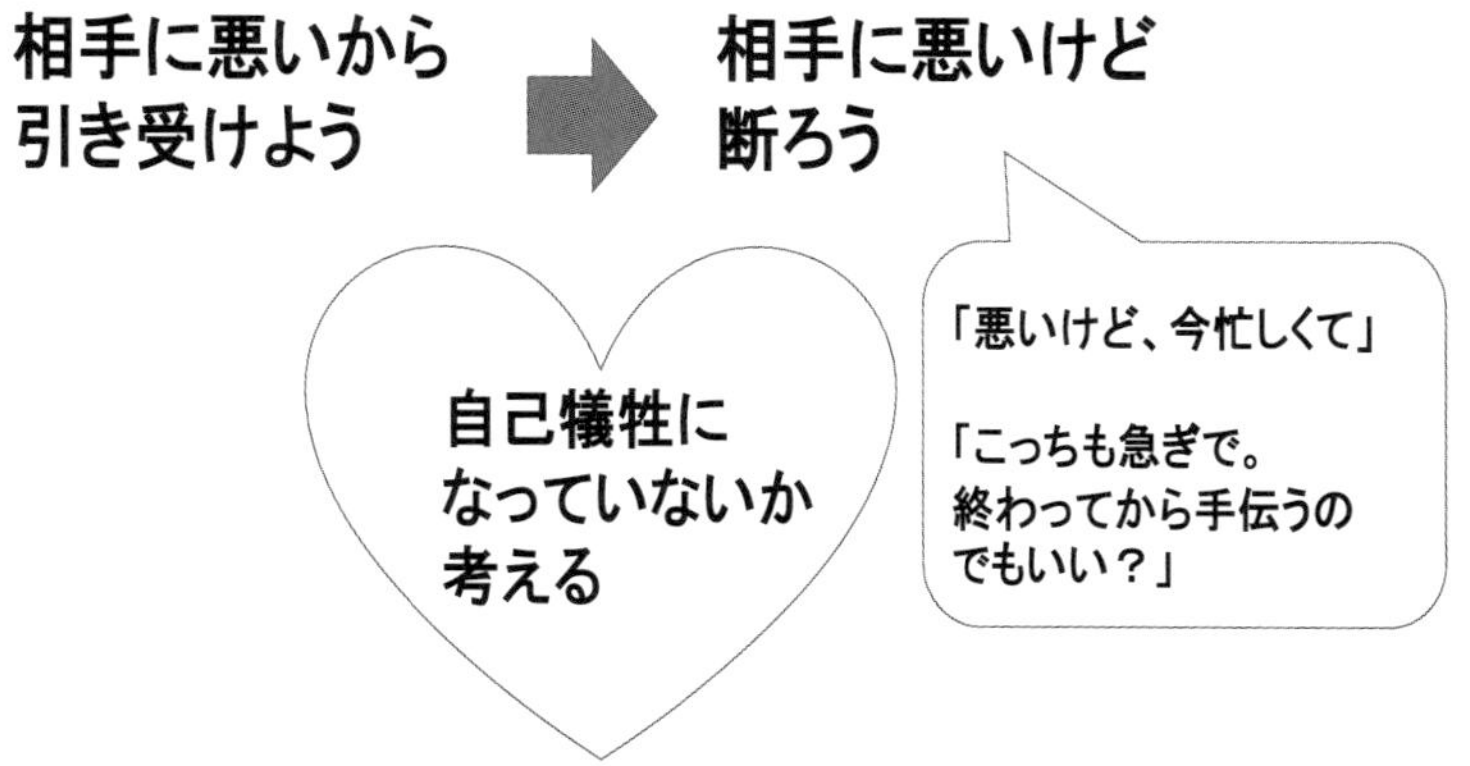
相手に悪いから
引き受けよう
相手に悪いけど
断ろう
「悪いけど、今忙しくて」
「こっちも急ぎで。
終わってから手伝うの
でもいい？」
自己犠牲に
なっていないか
考える

私のところにだけ、本人たちも頑張ればできる業務が溜まり、やってもやっても書類の山が減らないという事態が起きるのです。

「清野さんがやったほうが早いから」

そんな理由で仕事をしない部下もいました。部下育成のために、あとで私がチェックを入れるからやってみてください、と言っても「できません」の1点張りです。結局納期の関係上、私が手を出してしまうと、今度は「放置しておけば清野さんが片づける」に変わります。

このように自己犠牲が続いてしまうと心が疲弊してしまいます。実際私もこの状態が続き、不安定になったことが何度もあります。

「何で私ばっかりいろいろやらなきゃいけないの？
私に押しつければいいと思っているにちがいない」

こんな自己犠牲の状態では心も体も健康にはなりません。自分でなければだめなのか、今やらないとだめなのか、一度立ち止まって考えることも必要です。

ただし「無理です」「できません」はストレートすぎて角が立ちますので、「悪いから引き受ける」を「悪いけど断る」に変えていくことが必要です。

「今私も忙しくて、悪いけど」「こっちも急ぎだから悪いけど、これが終わってからでもいい？」など、クッション言葉をつけると相手も嫌な気分にならなくてすみます。

他人は他人、自分は自分

世界中には約80億人が住んでいます。想像つかない数の人たちがこの瞬間も生きているのですね。

さあ、こんなに大勢の人がいたら、全員が私に好意を持ってくれるのはちょっと難しそうですね。

私たちは頭でそれを理解しているのですが、例えば家族・学校・会社など身近になればなるほどそのことを忘れてしまうのです。周りの皆に好かれようとするし、周りの皆の期待に応えようとしてしまう。

自分の気力と体力に余裕があればいいのです。ですが、現代の私たちは日々忙しすぎて心も体も余裕がないことのほうが多い。そんな中で誰かのことを最優先に考えて誰かのために動き続ける、これでは心が疲弊して当然ですよね。

私たちの心は強さを発揮するときも、もちろんありますが、あまりに脆い部分も持ち合わせています。病気のときは気弱になりますよね。普段なら微熱でも平気で活動する人も、インフルエンザのときは熱で体が言うことをきかない。関節も痛いし喉も痛くてうまく話せない。同じように私たちの心はまるで風邪をひいたりお腹が痛くなったりするように疲弊したり傷ついたりするのです。

他人は他人、自分は自分。80億人も人がいれば、好きな食べ物も嫌いな食べ物も違います。趣味も違うし楽しいと思うことも違う。それでいいのです。

鉄道ファン、と一口に言っても、写真を撮るのが好きな人もいるし、音が好きな人もいるそうです。また、乗るのが好きな人もいますし、模型が好きな人、部品が好きな人など、同じ鉄道ファンなのにさまざまな楽しみ方があるそうです。

私も食べることは好きですが、料理は好きではありません。逆につくるのが楽しくて食べてもらうと嬉しい人もいるでしょう。楽しみ方も感じ方も人それぞれ。どちらかが正しい楽しみ方か、なのではなく、皆正しい楽しみ方です。

ゲームがほしかった子どものころ、「皆持ってるから買って」とおねだりして「よそはよそ、うちはうち！」と買ってもらえなかった経験をした人もいると思います。

子どものころは「理不尽！」と思ったかもしれませんが、そんな風に「他人は他人、自分は自分」で価値観も好きなことも決めていけるといいですよね。私たちは選べるのですから。

私たちが、身近な誰かの考えに賛同できなくてもいいのです。それと同じように身近な誰かも私の考えに賛同しないということがあるでしょう。私たちは無理矢理誰かの意見に染まる必要はありません。よそはよそ、うちはうちですからね。

主観だけで物事を見ない

私たちは自分の人生を生きる主役です。それは生きている人すべてがそうなのです。わかりきったことなのに、私たちはたまにそれを忘れてしまいがちです。

ドラマや映画、小説などは、私たちは主人公の目線で物語を追い始めます。ところが、場面によっては主人公だけではなく、脇役と呼ばれるその他の登場人物が行動したことを把握する必要がありますね。私たちは主人公の視点を追っていますが、視聴者なので全体を把握してより物語を楽しむことができるのです。

そのため、制作者は時折、他の登場人物のシーンにフォーカスすることがあるのです。パートナーはどういう気持ちでどう行動したのか、アクションものなら敵対勢力はどのように動いたか、味方がどこにいたのか、などなど。私たちは物語の中で、主人公以外の視点や思考をたどることができます。これが主観で見ていないということ。全体を把握する、いわば神の視点を持っているのです。

ところが、現実世界ではそうはいきません。私たちは自分の目で見て、自分の心で感じて、自分の思考で判断する。そこに他の人のものが入る余地はないのです。

だからこそ、誰々が思う通りに動いてくれない、なぜあの人はあんな風に考えるのか、など他者の行動や思考にケチをつけたくなるのです。

人間はわがままな生き物で、私たちは誰かに「あなたは私の人生の脇役ですから脇役としてこん

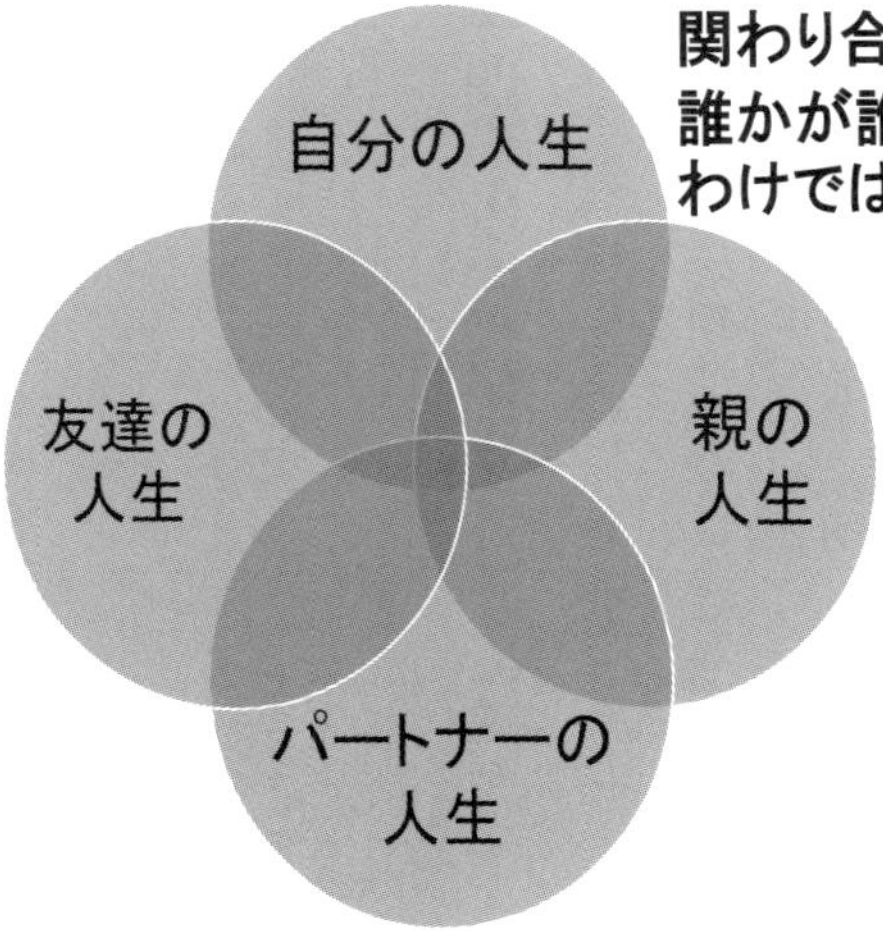
関わり合っているけど
誰かが誰かを支配できる
わけではない
自分の人生
友達の
人生
親の
人生
パートナーの
人生

な風に話してこのように行動してください」と言われても、はいそうですかと納得して動くことはできませんよね。

自分ができないのに他者にはそれを強いるのです。「あなたは私の人生の脇役なのだから、このように話してこのように行動してください」と。相手は相手の人生を歩んでいますから、当然私たちの思い通りに動かないことも多いですよね。それを見て私たちは「何であいつはこういう風にできないんだ」「あの人はいつもそういう風に考えるけど、こうしたらいいのに」などと相手の行動に不満や不足を感じてしまうのです。

さらに、主観で物事の善悪も判断してしまいがちな私たちは、部下や後輩に対して、こういう風にさせるためにこんな指導をしてやろう、とか、子どもに対して、こうやったらいい人生が送れるはずだから、こうさせよう、などと他者の人生までコントロールしようとしてしまうのです。

恐ろしいことに、この場合の上司もしくは親には、悪気は全くなく、むしを自分のしていることで相手の世界が救われるに違いない、くらいの気持ちで動いているのです。

これはやられた方には悪魔の所業のように感じるかもしれません。私たちの主観はときに視野を狭め、自分勝手になりがちだということも、頭の片隅に置いておくといいでしょう。

誰かを自分の思い通りに操ろうなんで、人間はわがままな生き物なのですね。

理想を追い続ける自分に気づく

学生の方でも社会人の方でも、目標を掲げている場合があります。勉強や仕事の目標はもちろん、プライベートで何かやりたいことがある方もいるでしょう。

目標は今後を歩んでいくために必要な指針として大切にしていきたいですね。

ただ、目標に囚われすぎることを、私はおすすめしていません。目標が高いことは素晴らしいことだと思います。社会人の方は上司から高い目標を掲げるよう指導される場合もあるでしょう。私も会社員時代は目標を高くと言われてきました。目標を決めてそこへ向かうと、その目標が高いほど挫折が訪れます。今までやったことがないことにチャレンジしているのですから当然ですよね。

しかし私たちは突然訪れる挫折に心を乱されることがあるのです。「私にはできないかも」「やっぱり才能がないから無理だ」「最初から無謀だった」など、挫折を感じたときに私たちの心にはたくさんの思いが浮かびます。この言葉は大抵、私たちを傷つける悪魔の言葉です。

私たちは目標を掲げた瞬間に、そこまで１００％完璧にたどり着かなければいけない、と無意識に思い込んでしまいます。そして１００％思い通りにいかないときに自分で自分を傷つける言葉を思い浮かべてしまうのです。

ここからは私たちの複雑な心に触れますが、実は私たちは深層心理で自分が完璧ではないことを知っているのです。私なんてまだまだ未熟で…とは日本人にありがちな謙虚な思いですね。謙虚は美徳。傲慢に自慢話をするよりも控えめに、というのは日本特有の気持ちでしょう。

ところがその一方で私たちは、心のどこかで自分の能力を高く感じているのです。

この矛盾した思いが常に私たちの中に存在しているので、１００％理想通りにいかなかったときに「やっぱり私は能力が低いからできないんだ」と思う心が出るのと同時に「私は能力があるはずで理想を掲げているのに何でスムーズにあそこまで行けないの？　もやもやする」という思いを抱えてしまうのです。私たちは無意識に目標までの道のりを完璧に想定していて（自分の能力で思い通りに辿り着けると考えて）、そこに思い描いた通りに辿り着けないことが許せないのです。

要するに私たちって、深層心理で自分の力を無限大だと思って理想を掲げるのに、一方で自分の能力を低いと思っていて、その上プライドが何故か高くて、できない自分を自分でバッシングしてしまっているのですね。困った生き物です。

以前、相談者さんに、高い目標を掲げて嫌な思いをするなら、目標を低く見積もればいいのでは？

と質問されたことがあります。１００％の目標を決めてクリアできないと自分が傷つく、だから50％の目標にして楽にクリアできたら自分の心を守っていける。わかります、その気持ち。ですが目標を50％にすると人間って不思議な生き物で、出来高が30％になることがあるのです。

自信をつけるために小さな目標を決めてクリアする達成感を味わうことと、届きそうにない壮大な目標を掲げてそこに向かって渇望していくこと。私たちの人生でどちらかだけが大事、ということはないのかもしれません。どちらの目標も私たちには大事な目標。上手に使い分けていけるといいですよね。

過去を振り返る

過去を懐かしむことはありますか？　私は先ほどから申し上げているように、学生時代にいい思い出がないので、あまり懐かしみません。社会人になってからの出来事もあまり振り返らずにここまで生きてきました。

ですが、自己肯定や自己受容のためには、一度過去を振り返ることも大事です。私たちは案外自分のことが理解できていないのです。私ってどんな人間だろうと思ったときに、言葉がすらすら出てくる方はあまりいないと思います。

ご自身が何を考えて、どんな思いを抱いて来て、後悔したりときに充実を感じたりして、どうやってここまでやってきたのか、一度自分の歴史の年表をつくってみるのも面白いかもしれませんね。

楽しいと感じること	嬉しいと感じること	リラックスすること	悲しいと感じること	嫌だと感じること
例）趣味の時間	例）洗濯物がよく乾いた	例）昼寝	例）上司に怒られた	例）人にバカにされた

どんなことが起こるとそう感じるか
書き出してみる（小さなことでOK！）

私は相談者さんと一緒にその方の過去を振り返ることがあります。どんな子どもだったのか、何を考えていたのか、思いを探っていきます。最初はあまり思い出せない相談者さんも、お話していくうちに「そう言えばこんなこともありました」とか「今思い出したけど…」などとたくさんのエピソードを教えてくれます。その中で相談者さんがご自分で「私ってこういう子どもだったんだ」とか「こういう思考の癖があるのかも」など発見されることもあります。

今まで知らなかった自分は過去のどこかに必ずいるのです。どんなことが楽しかったのか、どんなときに悲しかったのか、なぜそう感じたのか、私はどんなことが起こるとどんな風になるのか、自分のマニュアルに書き込めるといいですよね。

新たな発見もあるでしょうし、以前から知っていた自分を再確認することもあるでしょう。

実は私が一番私を知らなかった、なんてよくあるお話です。

私を理解する旅に出てみませんか？　どんなことが悲しいのかどんなことが嬉しいのか、事前にわかっていれば回避したりそちらに向かって進んでいけたりするものです。書き出した自分マニュアルのページは、一生更新しないで大事にとっておくものではありません。前まではこんなことが辛いと思っていたけど、今は大丈夫に感じるとか、前はこれが好きだったけど、今はこれが好きで心が穏やかになれるとか、進化して変化していくものです。その度に書き換え付け加えて、自分マニュアルを増やしていきましょう。人はこれを成長と呼びます。

深く追求する

私たちは案外、物事を深く追求していないことがあります。それが嫌な出来事だったり、忘れたいエピソードだと特に上辺だけなぞってあとは蓋をして地中に埋めたいもの。しかし、あえてそこを掘り下げることもおすすめです。

深く追求するときには、できれば記録することがおすすめです。書くことによって脳内で、もやもやした不明瞭なものが明確になることがあります。これは誰かに話しているときにも同じことが起こります。私の相談者さんがご自身の話をいろいろしていくうちに、自分で理解したり解決策に

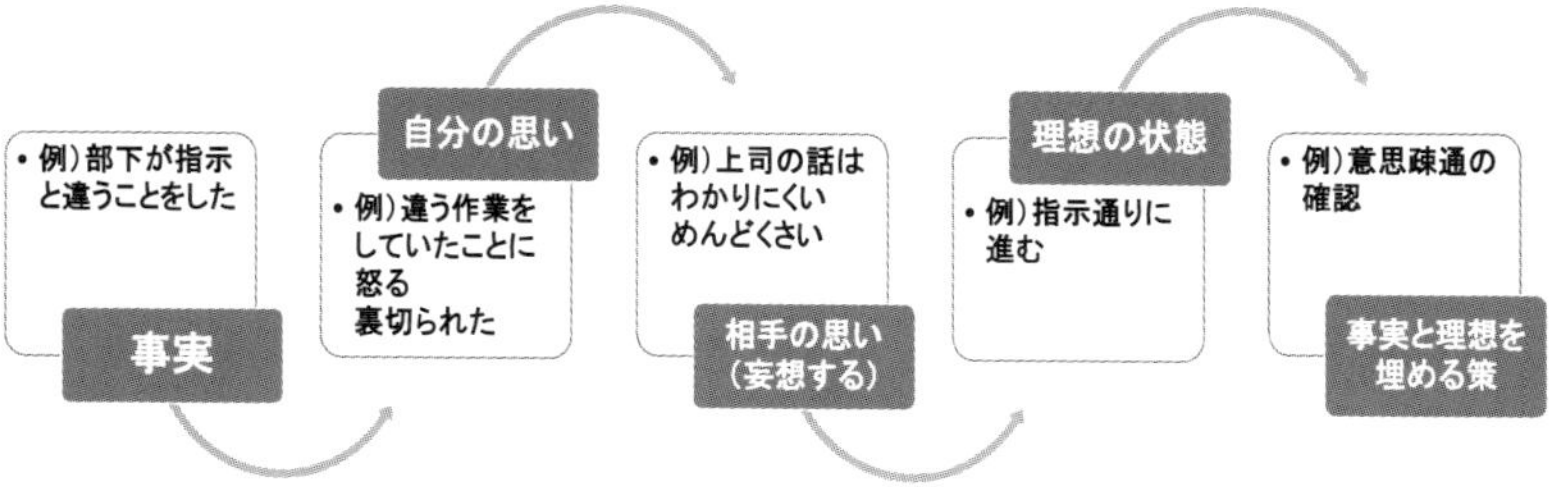
• 例）部下が指示と違うことをした
事実
自分の思い
• 例）違う作業をしていたことに怒る
裏切られた
• 例）上司の話はわかりにくいめんどくさい
相手の思い
（妄想する）
理想の状態
• 例）指示通りに進む
• 例）意思疎通の確認
事実と理想を埋める策

なるような思考が出てくることはよくあることです。

ですが、私たちは自分の中のトラウマに近いようなマイナスイメージの出来事を気軽に誰かに話せるわけではありません。ですから、用意したノートにカウンセラー役を担ってもらい、思考を整理していくことが大事なのです。

まずは感情を抜きにして事実だけを書いてみましょう。例えば、会社で部下に指示を出したときに「わかりました」と返事をもらった。作業を進めてもらって、1時間後に様子を見に行ったら全く違うことをやっていた、としましょう。これは事実です。

次にそのときのご自身の感情を書いてみます。部下は「わかりました」と言ったから私はそれを信用したのに全く違う作業をしていて驚いた。次に指示を聞いていなかったことに対して怒りが出た。そして理解していないのに「わかりました」と嘘をついた部下に裏切られた感じがした。1時間が無駄になった虚しい気持ちになった。何で指示通りにやらならいのかやるせない気持ちになった。

ご自身の感情を一通り書いたら次は他の登場人物の気持ちを妄想してみましょう。この場合は部下が登場していますから、部下の気持ちを勝手に妄想します。

部下は「上司の話はわかりにくい」と思っていたかも。部下は「上司の言ってる意味がわからないけど、めんどくさいから返事をしよう」と思ったかも。部下は「上司が嫌いだから意地悪して別の作業をした」かもしれない。部下は「上司が本当にこの指示をした」と思って別の作業をしたかも。こちらも一通り妄想して書き出します。

次は、どうなったら理想通りの結果だったのか書いてみましょう。この場合は、部下が指示通りに作業をして1時間後は指示した作業が半分進んでいた、としましょう。その後、最初に出した事実と最後に出した理想の間を埋める策を書き出します。

理想の状態に近づくためにできることは何だったのか。今回の場合は部下が理解していない可能性があるので説明方法を変えるとか、部下が理解しているのか確認するとか。注意点は部下の行動を変える内容にはしないこと。部下が自分自身で理解するまで上司に質問すればいい、などは部下側の行動になり、こちらから干渉できない部分になりますから、ここを変化させようとするのはストレスのもとです。自分の行動や思考でよりよく変化させられるものは？　を考えていきましょう。

感情に振り回されない

私たちの気分を決めるきっかけとなるものが感情です。起きた出来事を過去の経験や情報から瞬時に判断して、怒りなのか喜びなのか悲しみなのかを決定して、そこから私たちの気分がいい、気分が悪い、もやもやする、テンションが上がる、などが引き出される。日々、無意識に私たちはこれを繰り返しています。

起こった出来事というよりは、そこから連想する感情が重要な要素ということになります。

人類の仕事の多くはいずれＡＩに代わると言われていますが、感情はまだＡＩに習得できないようです。それほど人間の感情というものが複雑で曖昧なものだからでしょう。

私たちはときに自分でも自分の思いがわからなくなることがあります。感情とは重要ですが、ときに私たちの想像を超えて私たちの心を揺さぶるものなのです。

重要なことは、この感情に蓋をせず、切り捨てず、ただそこにあるものとして存在を認めていくということ。感情は目に見えず手にとれないので難しいですよね。

イライラすることは誰にでもあります。そのときにイライラに心を奪われないことが大事です。アンガーマネジメントなどで学んだ方は怒りのコントロールの仕方に詳しいと思います。怒りをやり過ごすために深呼吸を６秒などは実践したことがあるのではないでしょうか？　私は深呼吸よりもその場を離れるほうが効果を感じましたので、イライラするときは一旦場所を移動します。キッチンであれば寝室やトイレ、お風呂など。仕事場なら一度コーヒーを淹れるために席を立つのもいいかもしれませんね。これは一例なので、ご自身で自分にあった方法を探ってみてください。心の中で相手に文句を言ってみてもいいかもしれませんし、楽しいことを考えてみるとか、帰りにケーキを買って帰るご褒美制度もアイデアの１つです。

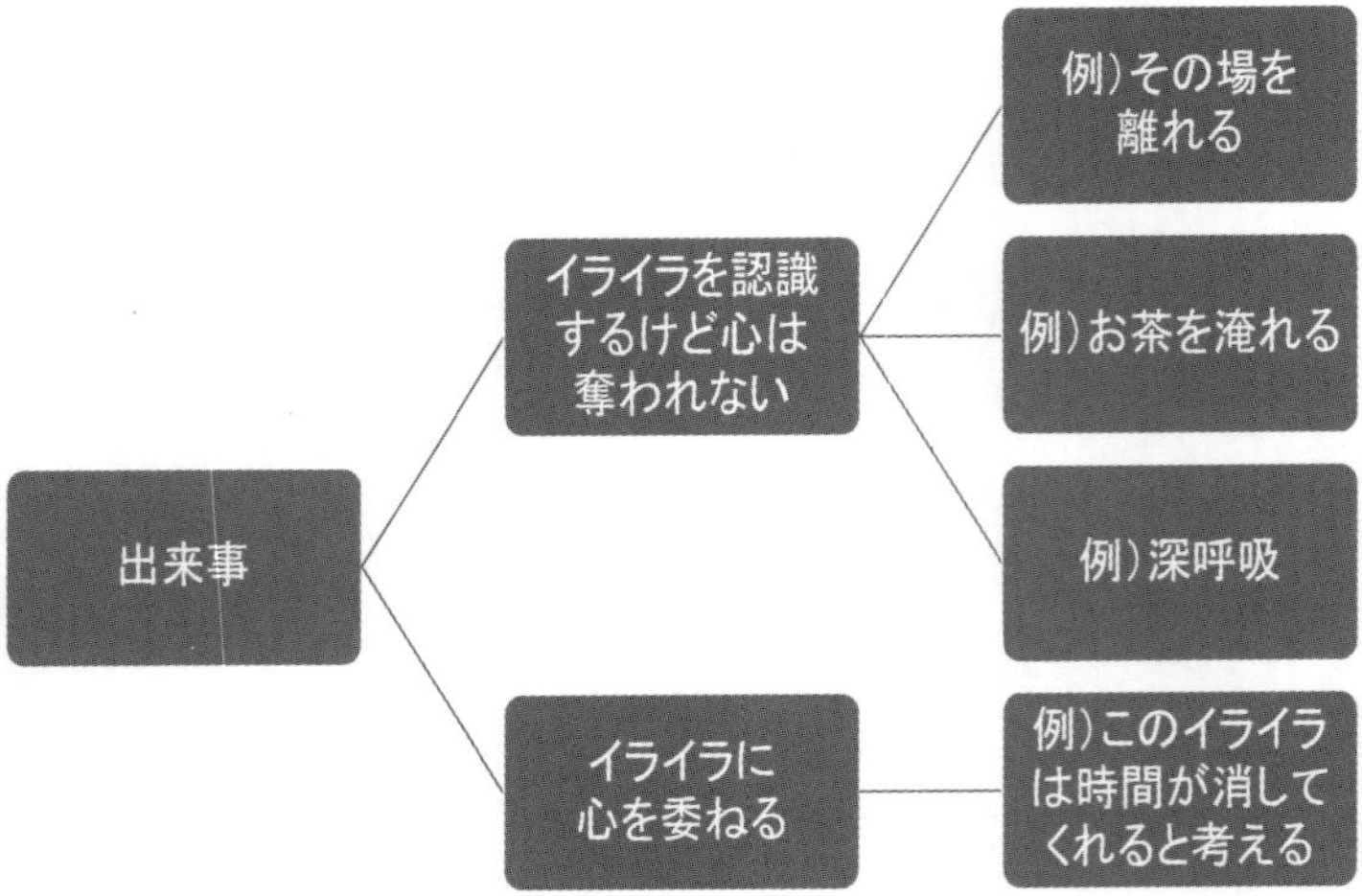
出来事
イライラを認識するけど心は奪われない
例）その場を離れる
例）お茶を淹れる
例）深呼吸
イライラに心を委ねる
例）このイライラは時間が消してくれると考える

感情は私たちに楽しい思いや嬉しい気持ちを運んでくれますが、いつでも味方というわけではなさそうです。怒りや悲しみ、不安など、私たちが遠ざけたい気持ちも否応なく連れてきます。

大事なのは、運んで来られた感情に心を明け渡しすぎないこと。私は今、怒りを感じている、という事実だけを受け取る。私は今悲しんでいる、と認める。ただそこにある感情をそこにあると認識する。心を明け渡すか渡さないかはいつでも私たちが選べます。

ただ、選べるという事実よりも感情に飲み込まれて心を委ねたほうが簡単で楽だから無意識にそうしていただけ。私たちはいつでも感情に対して、「悲しいのはわかりました。でも私はそこには心を明け渡しません」と選ぶことができるのです。

飲み込まれすぎず、でも否定することなく、そこにある感情を受け取ってください。

第3章　自分らしさを発見し、開花させる方法

自分を知る

自己肯定感の章でも自分を理解する大切さをお話ししました。

私たちは自分のことをあまり知りません。生まれたときから今まで24時間ともに過ごしているのに、自分マスターにはなっていないということです。

自分を知る手立ての1つとしておすすめなのが、価値観を知ることです。

私は何に価値があると思っているのか、何が大事だと感じるのか。逆にあまり重視していないことってなんだろう、あってもなくてもいいと思っているものは何？　と自分に聞いていくのです。

価値観というのは一生同じ決まったものではないので、時々見返してみるといいかもしれませんね。誠実に仕事をすることに価値を見出す人もいますし、穏やかに家族と過ごすことが重要と思う人もいます。家族を大事にする価値観の方は残業は断るでしょうし、飲み会にもいかないかもしれません。仕事の成果が欲しい人はがむしゃらに打ち込むでしょうし、家族は大事だけど仕事を放り出せない人は頑張りすぎてしまうでしょう。

これは一生そのままではないのです。例えばお子さんが生まれたばかりのご家庭は、家族が重視されるでしょうし、新入社員で慣れないうちは仕事の価値が高まるでしょう。プロジェクトリーダーになればその傾向が強まりますし、心身ともに疲れ果てた人は家族より仕事より自分を重視して体を休める必要があります。

疲れたときの回復方法	病気のときの休み方	やる気がないときのやる気の出し方	今一番頑張りたいこと	元気がないときどうしたらいい？	落ち込んだときどうしたらいい？
嬉しいときの嬉しさ倍増方法	休日前のテンションが上がる過ごし方	仕事とプライベートの今の割合	眠れないときのリラックス法	休日を充実させる過ごし方	没頭できる趣味

私も基本、仕事への価値観が高い人間ですが、風邪を引けば割合は変化して自分に比重がかかります。ビタミンを摂ってみたり、栄養があるものを食べようとしたり、ゆっくり休もうとしたり。

自分をいたわるときはきちんといたわる。頑張りどころではしっかり頑張る。そんなよいパフォーマンスをしたければ、まずは自分を知ることが大事です。

あなたはどんな人間なのか、疲れたときはどうしたら回復が早いか？　病気ならどうしたらいいか？　やる気を出して頑張るときは？　どうすると行動に移せるのか？　私の事例を出すと、切羽つまらないと動かないタイプなので、仕事の工程を日割りにして、今日はここまでできたらＯＫ。ゆとりがあったら明日の分も進める、という風にします。

資料づくりなら締切日の３日前には完成させる工程で考えますし、セミナーや司会の仕事なら３日前までに練習をして時間配分やトーク内容を決めます。

そうするとサボったりやる気がなかったりしても前日までには何とか仕上がる、というのがパターンです。あなたはどんなパターンの人でしょうか？　自分マニュアルを記録してみましょう。図は一例です。他にも思いつく自分の行動・思考パターンは書き加えてくださいね。

私たちは人生の主役

私たちの人生は私たちが主役なのです、という言葉をよく聞きます。

私自身はこの言葉を、自分の人生は自分で切り開いていくものだよ、という意味で解釈していますが、もしかしたら人それぞれ違う捉え方があるかもしれませんね。

人間は自分の目で見た事実を自分の思考で考えて感じます。そうするとどうしても、他者と同じものを見ているのに偏った思考になったり、他者と同じものを見ることができないから思考や意見に食い違いが出たりするのです。

私は会社員時代、上司が出張で不在にする場面に何度か出会いました。数日間の上司不在の部署では残った部下たちが協力して業務を回します。もちろん指示を仰ぐ必要があれば電話やメールで連絡を取りながら数日間を過ごします。

あるとき、出張から戻った上司が私に「自分は数日間ここに不在にしていただけで、出張先では仕事をしていて休んでいたわけではない」と言いました。どうやら上司が戻ったときに、部下たちが溜まった仕事の報告や不在時に起こったトラブルの報告を優先して、上司が休まず仕事をしてい

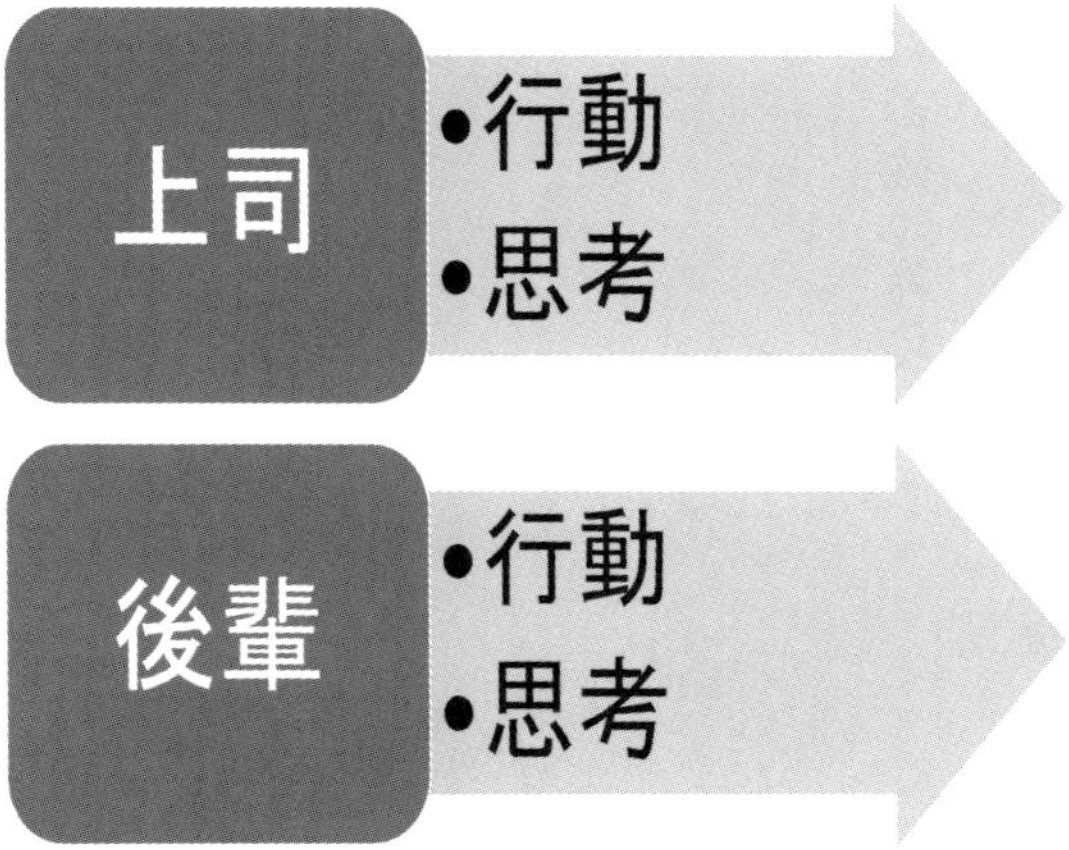

同時刻、私と同行していない限り知ることはできない
また上司と部下が同行していない限りお互いに知ることができない

ることに誰も気を配らなかったのが気になったようです。

また、この上司は部下とも気安く話してくれる方だったのですが、どうやら私の後輩が「上司は出張先で大した仕事もせずに接待で自分も楽しんでいた」と勘違いした発言をしたようです。

確かに出張先での上司の秒単位のスケジュールは知りませんでしたが、取引相手への気疲れもあったでしょうし、出張先でも私たちの電話やメールに対応しなければいけない状況では集中しにくかったと察します。

私は上司がサボっていたとは思いませんでしたが、それでも後輩社員の手前もありますし、気安いとはいえ家族でも友人でもありませんので、以後は上司が出張から戻る度に「出張お疲れ様でした。いかがでしたか？」と先に聞くようにしました。

いちいち後輩たちに、「上司は出張でサボってないので軽々しくものを言わないように」というのも気が引けますし、上司に「いちいち細かいことですねないでください」とも言えません。私が上司にそう聞くことで後輩たちも自然と上司が出張先で何をしてどう考えたのか、聞き耳を立てることができますし、上司としても労う気持ちが見えて嬉しいでしょう。

これは自分の見えないところで起きた出来事は理解できないから自分に都合よく解釈してしまう例です。部下は上司が仕事しているのが見えません。出張に行ったという事実から、出張先の視察でどうせゆっくりしているんだろうと自分に都合よく解釈して、勝手にその役割を与えていただけです。上司もまた、部下は労うだろうという自分に都合よい解釈をして、その通りにならなかったから不満があったのでしょう。

他者はこちらの思惑通りには動きません。私は私の人生の主役ですが、相手は相手の人生の主役ですから。

柔軟に考える

私たちの思考は、同じ目を毎日使って同じ脳を毎日使って同じ心を毎日使って判断しています。当然、誰かの目や脳や心を借りるわけにはいきませんから、そのすべてに癖が出てきます。スポーツ選手もスタイルに癖があるようですし。私もセミナースタイルやカウンセリングスタイルに独自の癖があります。知らず知らずのうちに、私たちはやりやすい姿勢や動きやすい仕草など自分にとっ

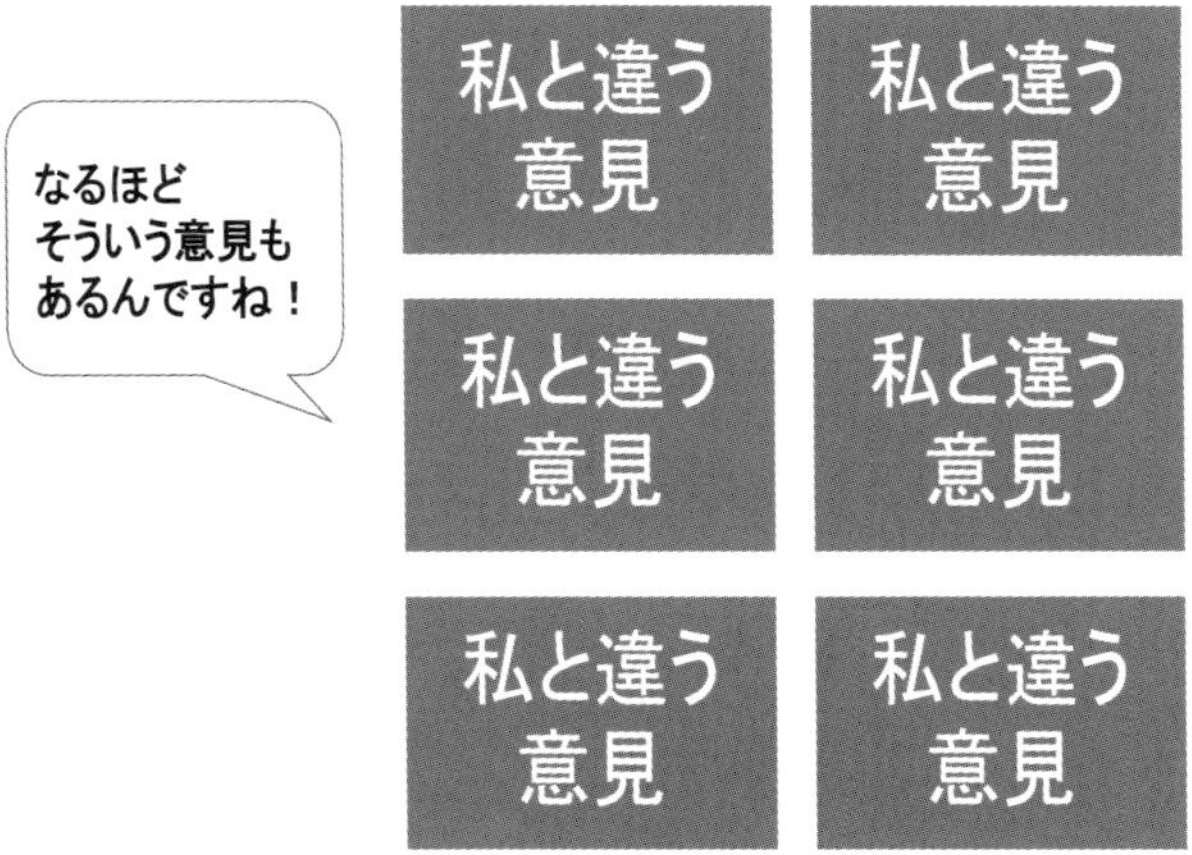
なるほど
そういう意見も
あるんですね！
私と違う意見
私と違う意見
私と違う意見
私と違う意見
私と違う意見
私と違う意見

意見が存在することを認める

ての定型を創り上げているのです。

それは思考においても同じことです。癖づいたものは、意識したとしてもなかなか変えられるものではありません。ですから、物事が起きたときにいつも似たような反応をしてしまうのです。

例えば運転中、車同士の事故現場を見かけたとします。「事故って怖いな、自分も気をつけて運転しよう」と思う人は何となく事故を見るたびにそう思いがちです。一方、「こっちは急いでるのにこんなとこで事故を起こして交通渋滞になっている！」とイライラする人は、事故現場に遭遇する度イライラしやすいです。

パートナーが帰宅後、衣服を脱ぎ散らかすときに、気づいたほうが片づけようと思う人は毎回気づいたときには片づけるだけ。一方で、「何でこんなところに脱ぎ散らかすの？」とイライラしながら片づける人は、毎日イライラしながら片づけて、いつか不満が溜まってパートナーに怒鳴ることになります。

思考の癖は根強く私たちに影響を与えて、強固なものになっていきます。

こうなると他者の意見や思いを受け入れるのが難しくなるのです。

相談者さんの中には上司や目上の人に思いや考えを伝えたいのにうまくいかない、と悩んでいる方がいます。話をよく聞いてみると、だいだいお相手が、ご自身の意見が正しいと思っている方で自分と同じ意見は聞くけど、意見が少しでも違うと話を遮って終わらせてしまうようです。

部下や目下の立場にあたる相談者さんはいつもご自身の思いが伝わらないもどかしさを感じていることが多いです。ただしこの場合、相談者さんもご自身の意見が正しいから上司や目上の方を自分の意見に同意させようとしていることも多く、お互いが自分の意見を強固な正義として戦わせようとしていることがあります。

私たちは、自分は柔軟だと思っていても案外頑固者なのかもしれませんね。

自分と違う誰かの意見を、「なるほど、そういう考えもあるんですね」と一旦受け入れることが柔軟に考える第1歩だと思います。自分マニュアルに違う意見を書き込んでみましょう。そしてその存在を認めることが大事です。

可不可で判断しない

私たちの思考は癖があり、その癖は今までの経験や知識が決めています。日々様々なことに選択肢があり、判断をし続けています。

私たちが判断するときに自然と基準にしているものが、「可」か「不可」か。善悪・ＹｅｓＮｏというのははっきりしていてわかりやすいものです。基準としてはすぐに取り入れやすいので、私たちは何かを選択するときや判断・決断するときにこの基準に従いやすいのです。

ただ、本書で何度もお伝えしているように、よし悪しや可不可は人によって多少のズレが生じるものです。私たちが自分の基準で判断するとそれが誰かの基準とズレていることはよくあります。

お料理上手な主婦の方々の会話で、私がなるほどと思いながら聞くのが、「知らなかった。今度やってみよう」です。例えば同じ味噌汁というメニューなのに、「うちはズッキーニをいれるのよ」と1人が言うと、「えー？　ズッキーニ？」と誰かが驚く。「ズッキーニは食べたことないけど、うちはトマトをいれる」と別な誰かが言うと、「トマト！それはまだ食べたことない」とまた誰かが驚く。そしてレシピを簡単にシェアしたあと、「今度うちでもやってみるわ！」と言うのです。

ズッキーニやトマトを味噌汁の具材にする、という基準がなかった方たちがシェアによりその情報を手に入れてすぐに基準を変化させていく。ここができないと、ズッキーニとトマトは味噌汁の具材ではないという基準に従って、悪とか不可の判断をしてしまうのです。

この基準をおおらかに変化させる会話は、大変勉強になるので、私も諸先輩方にレシピを習ったときには「今度やってみます」を取り入れて、苦手ながらも実践してつくったりしています。

職場では、例えば年代による基準の違いがあるでしょう。年代が上の方たちは、対面でコミュニ

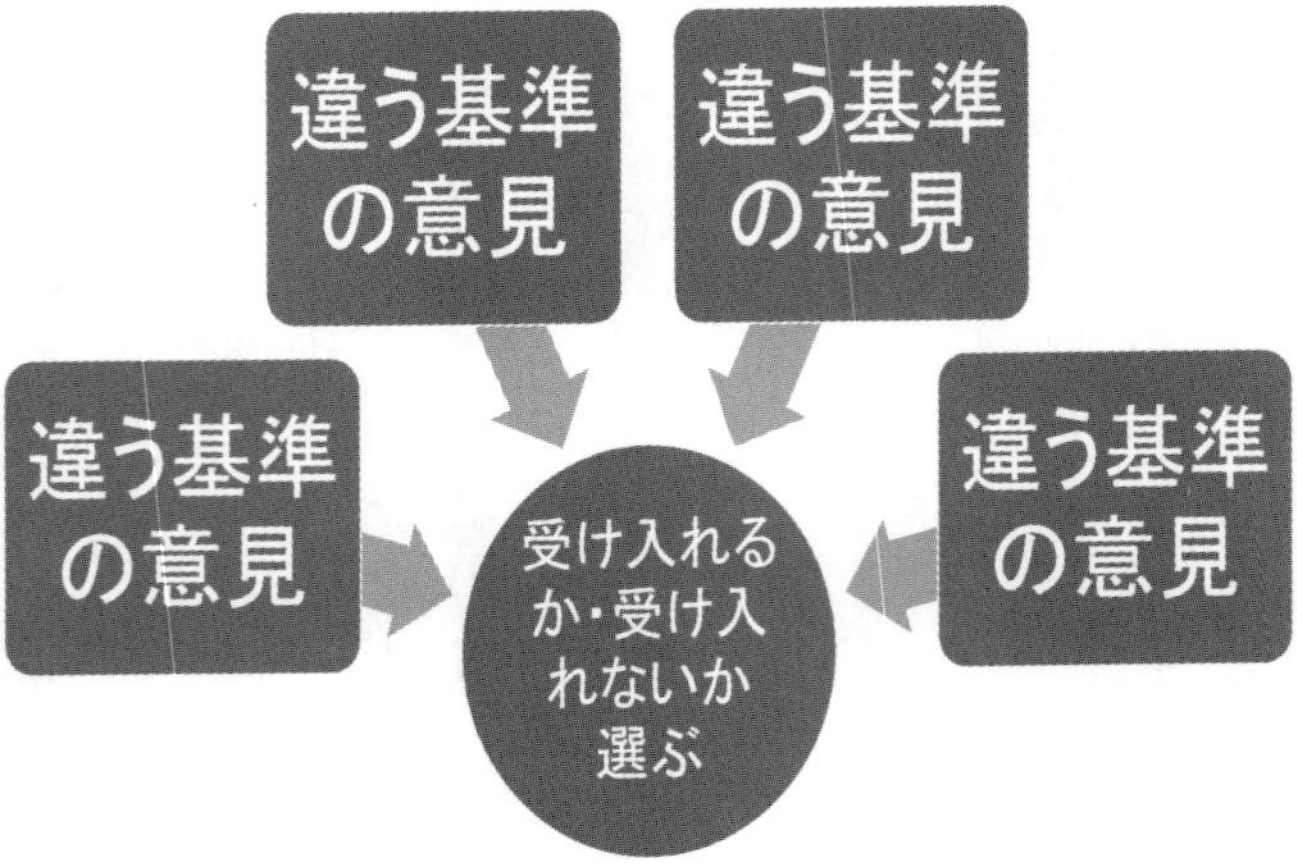
違う基準の意見
違う基準の意見
違う基準の意見
違う基準の意見
受け入れるか・受け入れないか選ぶ

ケーションを取って皆仲よく、という基準があるかもしれません。そういう方が新入社員の方たちのSNSでのやり取りを見たり、休憩中にスマートフォンを見てばかりいるのを目撃すると、「今の若い子たちはコミュニケーションを取ろうとしない、非常識だ」と思うのです。

ところが新入社員側からすると、雑談してコミュニケーションを取るのは非効率。仕事ができれば会話しなくても問題ないとなるわけです。どちらも間違っているわけではないのでお互いの基準を尊重できればいいなと思います。

自分だけの基準を持つことが悪いのではなく、誰かの基準を知ったときに、可不可の範囲を変えてみるというのも、思考の幅を広げる手段かもしれません。

とはいえ、他者の基準を聞き入れすぎてフラフラしてしまっても思考が疲弊してしまうので、あくまでも自分の基準を持ちつつ、自分と別の基準を取り入れるか取り入れないか、ひとまず置いておくか、１回だけやってみてどうなるか試すか、など、私たちには自分で選べる、ということもお忘れなく。

頑張り過ぎに気づく

頑張り過ぎないで、という言葉は私もよく相談者さんにお伝えします。また私も周りの方によく言われる言葉です。頑張りすぎはよくない。その通りですね。でも自分で使っていて何なのですが、頑張りすぎ、とか限界までやらないで、とか、どこか一線なのか自分でわからないのですよね。

私の頑張りの限界ラインってどこなんだろう？　どこからが頑張り過ぎでどこまでが私の中の大丈夫なんだろう？　思えば会社員時代は事あるごとにそのライン探しに悩んでいたかもしれません。

例えば、自分の限界までの力が１００％だったとして、残業が続いている今って１２０％なのか、１６０％なのか？　頼まれ事が多くてデスクで休憩とも言えない休憩をしながら作業している今って、１５０％なのか、１８０％なのか？　そもそも皆１００％超えたら頑張り過ぎって思ってるのか？　私の限界が自分でよくわからず、今できているから１００％超えてるかもしれないけどまあいいのかな？　と思うこともよくありました。頑張り過ぎですよ、と言われたことも一度や二度ではありません。「頑張り過ぎ」と、「何とかしてでもやろうと思ったらやれる」は違うんだろうか？

過去の私も、誰かの基準や誰の評価に従って、ワーク・ライフ・バランスのためにはいっぱい休

ポイント
例)・自分以外の誰かのために尽くしてるのに相手は助けてくれない
例)・自分の仕事を置き去りにして相手を助けている状態
例)・自分が楽しくない、辛いけどやろう、という気持ちになっている

ここから先は頑張りすぎのライン

ここまでは大丈夫のライン

ポイント
例)・自分以外の誰かのために動くけど、自分の心に余裕がある
例)・自分がやりたい仕事をやっている
例)・自分が手伝っても大丈夫だな、と思う範囲の手伝いをしている

んだらいいのか？　とか、残業しなかったらいいのか？　とか、皆と同じように、を意識していたと思います。結果、休んで残業しないと溜まっていくタスク。休み明けにあれやってこれやってと考えて休まらない心。私に頼むだけ頼んで、自分の手が空いているときには私を手伝う気遣いなく帰る同僚。この時期は生きている意味がよくわからなくて、私は何のためにここにいるのか、これを続けた結果、死ぬ前に私に残るものって何なのか、と鬱々と考えていました。

そしてある日、全部嫌になりました。とはいえ、小心者なので仕事を投げだすわけにはいかず出社して作業はしましたが。「自分のことを考えたほうがいいよ」とか「自分のために、を優先して」とアドバイスしてくれる方もいました。私のことを心配してくれるのがありがたかったです。が、気づいたのです。その人は私じゃない。私のやりたい、は私しか決められないし、私が何を優先するか、は私にしか決められない。アドバイス通りにしても、全く癒やされないのです。

私は皆と同じように連休して体を休めるのをやめました。私にはその休み方は合っていない。3日仕事して1日休んで2日仕事して1日休んで、というスタイルがちょうどいいことに気づきました。もちろん予定があれば連休もしますが、毎週ではありません。

独立した今は、休みは1日単位ではなく数時間～半日単位で仕事とのバランスを取るスタイルがちょうどいいようです。頑張り過ぎ、は人によって基準が違います。私の頑張り過ぎ、は自分以外の人のためだけに尽くして奉仕して助けてもらえることがない状態。自分がやりたければ何時間でも働き続けられる。これが私の頑張り過ぎのラインのようです。皆さんの自分だけのラインを探してみてください。

♡ 思い込みに気づく

企業の新人研修に呼ばれると、ときにマナー講習をすることがあります。ただし、格式張ったマナーをお伝えする、というよりは、どうしたらその場にいる人達が気持ちよく過ごせるのか、という意識に重点を置いた講習になるので、細かい部分では他のマナー講師の方からすると異質な分類でしょう。

新人研修では主に、名刺の交換や電話応対などが主流になりますので、テーブルマナーが必要になることはほとんどありません。ある程度知識はあれど、本職の方からすると偽者と言われるはずです。そのため、あやふやな覚え方をしていることがあるのです。

それが「カトラリー」です。

カトラリーとは、洋食の際に使うフォークやナイフ、スプーンのことを指します。洋食のマナーは難しいと感じる方もいるのではないでしょうか？　外側から使ったり、デザート用のものは他のものとは離れた場所にセッティングしてあったり…。

私も会食で呼ばれた先が洋食のテーブルだと何となく緊張しますし、周りの方から「どれを使って食べるのかしら？」と聞かれることも多いです。急なことで慌てることもありますが、ありがたいことに、私の母がテーブルマナーに詳しく、幼少期に教えてもらったこともあり、身についている知識もあります。

ただし、「カトラリー」は別です。使い方は知っていても、この名称を覚えたのが大人になってからだったので、「カトラリー」が「カラトリー」と混ざるのです。しかもたちが悪いことに、「カラトリー」が正しいと信じ込んでいた時期があります。

その結果、どういうことが起こるかというと、席のセッティングをするという講習のときに、「カラトリーはこのようにセットしてください」と張り切って伝えてしまうのです。頭のどこかで、「カトラリーだっけ？　カラトリーだっけ？」と一瞬思うのですが、自分の判断を正しいと勝手に解釈して「カラトリーは」「カラトリーは」と連発して講習をしたことを覚えています。

その日、家に帰ってから何となく不安になって調べてみると、やはり不安が的中して、「カトラリー」であることを知り、このときばかりは過去に戻りたいと思ったものです。

これ以降、私は自分を疑ってかかることの必要性を学びました。これが正しいと思い込んでいることほど、もしかしたら思い込みで、真実は別なところにあるのかもしれない。

自分を疑うこの気持ちを時々は引張り出すことが、私たちの視野を狭めないための一手なのかもしれませんね。

等身大の自分を受け入れる

ありのまま、という言葉は皆さんよく聞く言葉でしょう。ありのままの自分でいい、などはとてもいい言葉だと思います。私たちは高い理想を掲げ、そこに近づくための努力をしていますが、一方で今現在のもがき迷走する自分を受け入れることができずに苦しみます。なぜ、等身大の自分を受け入れることが重要なのでしょうか？

私たちがこうなりたい、という理想の自分に近づくためにも、まずは現状を把握する必要があるのです。「今日本にいるから、ハワイにいくためにはどうしたらいいか」が考えられるのです。自分が日本にいるのか、インドにいるのか、フランスにいるのか、でハワイに行く方法は違うのに、ハワイに行きたい！　でも今いる場所はわかりません、では目的地に到着できなくて当然ですよね。

今、「ハワイにいないんだ…でも日本にいるから、ハワイに行くには？」と作戦を練るのです。

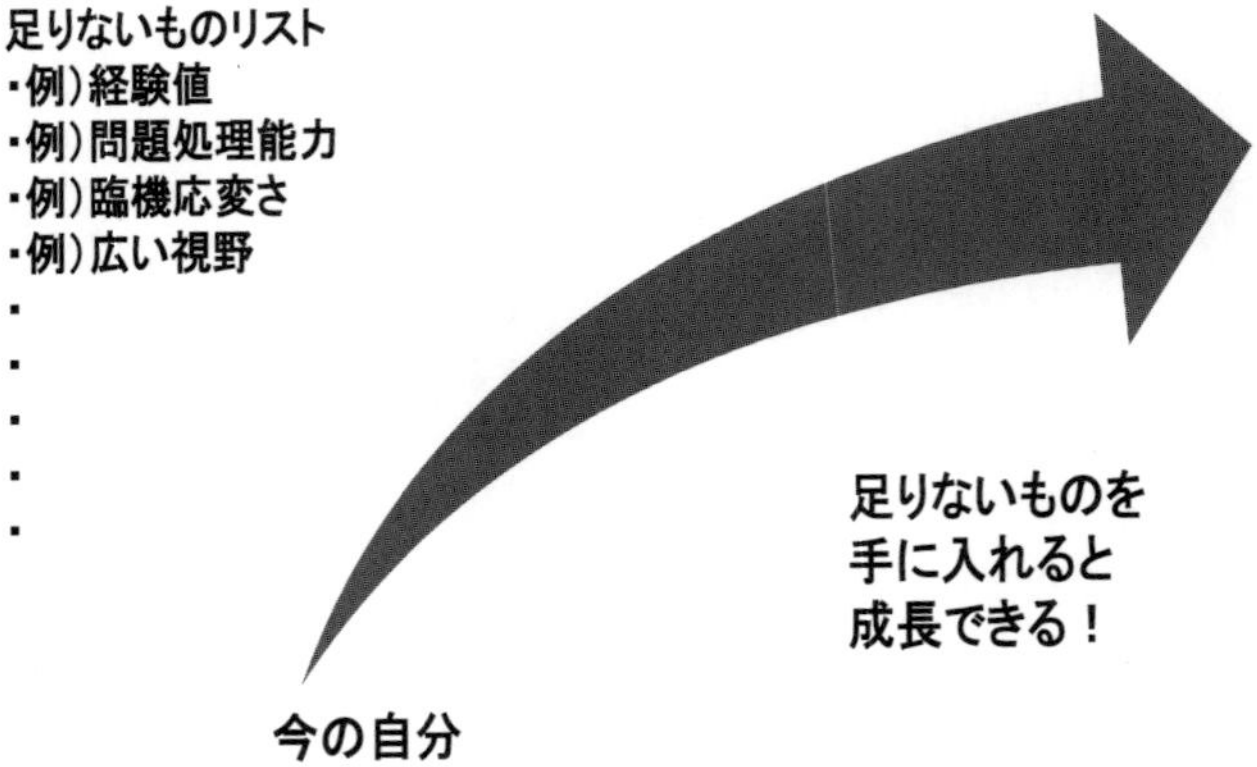
足りないものリスト
・例）経験値
・例）問題処理能力
・例）臨機応変さ
・例）広い視野
・
・
・
・
・
足りないものを
手に入れると
成長できる！
今の自分

まずは、私ってどんな人間？　今の現状はどんな感じ？　強みは？　弱みは？　それを踏まえてじゃあどうする？　を考えることが必要。そのためにも等身大の自分をまず見つけることが大切です。

今、どんな能力を持っているか、何が楽しくて何が嫌なのか、他者から何を指摘されると傷ついて悲しいのか、プラスな面もマイナスな面も含めて、全部見つけてみましょう。『自分を知る』の項目で書いたことも参考に、できるだけ多くの自分情報を出してみましょう。

今回はそこにプラスして、今の自分に足りないけれど欲しいものを書きます。この足りないものは多いほどいいですよ。私たちはまだまだ完全ではありません。だから足りないものはたくさんあって当然ですよね。能力低いな、と落ち込む必要はありません。欲しいもの、足りないものがたくさんあるということは、自分をよく知っていて必要なものをよく理解できている証拠。ここではむしろ、短所や欠点、足りない能力などネガティブワードが出れば出るほど優秀です。

このように書き起こした等身大の自分の、短所や欠点、ちょっと見たくない部分こそ、これから改善していける伸び代だと思ってみてください。

今はこれでいいのです。これからはもっと成長できるから。今日の自分は自分史の中で一番成長した自分なのです。これから先は右肩上がりで伸びていく、そう思うとこれを受け入れて先に進もうとわくわくしてきませんか？

自分マニュアルの『現在の私に足りないもの』を完成させてみましょう。

♥ 自分の価値を自分で見つける

あなたには価値がある、と誰かから言われたとき、そうですよね！　とは言えないと思います。私自身、すごいね、とかこんなところがいいところだよね、と褒められ認められても、そうか私の価値はここなんだ、と思えませんでした。

日本人は謙虚が美徳と言われていて、私もその文化は好きです。でも謙虚は謙虚で謙虚で謙虚で謙虚だといつの間にか卑下に変化してしまいます。これに気づかず謙虚を深堀りしてしまう方がいるようです。

相談者さんの中にも、謙虚な方が多いですが、回数を重ねていくとだんだんと卑下の部分が出てくることがあります。そんなに自分を貶めなくていいのに、と思う瞬間です。こういう方は、例えば同僚に仕事ぶりや真面目さを褒められても、こんなのまだまだ、とかこれは皆がやってるレベル、

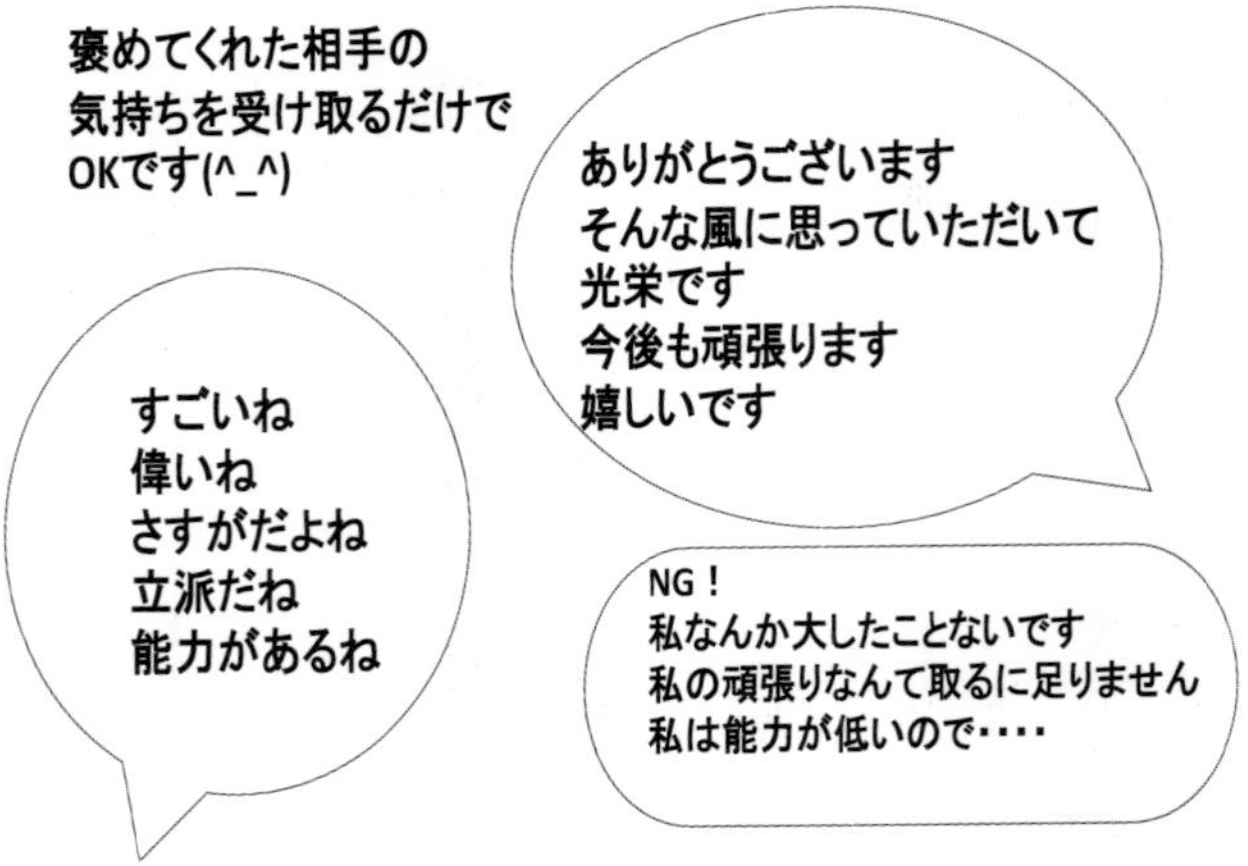
褒めてくれた相手の
気持ちを受け取るだけで
OKです(^_^)
すごいね
偉いね
さすがだよね
立派だね
能力があるね
ありがとうございます
そんな風に思っていただいて
光栄です
今後も頑張ります
嬉しいです
NG！
私なんか大したことないです
私の頑張りなんて取るに足りません
私は能力が低いので・・・・

などと反応します。表面上は謙虚にしたほうがいいと思うので、言葉で「私はまだまだですから」というのは否定しません。私も使う言葉なので。

ですが、その裏にある確実に積み重ねた自分の経験や知識には自信を持っていただきたいのです。

このさじ加減が難しい方が多く、過去も今も全部卑下して、私なんて大したことない人間なので、と自分で感じてしまっているのです。能力や得意不得意は個人差があり、人それぞれ違います。でも私たちは今までの人生をそれぞれが一生懸命生きてきましたよね。

そんな風に頑張ってきた、精一杯やってきた自分を自分で傷つけるような、貶めるようなことはしてほしくないのです。私たちは1人ひとり、今まで生き抜いてきたのです。その経験や知識は今私たちの力になっています。私にそんな力はない、と思う方はそれでもいいです。でも皆さんも子どものころより成長していますよね？　新入社員のときより成長していますよね？　お子さんがいる方は子育て未経験よりは成長していますよね？　小さな1歩でもいいのです。半歩でもいいのです。私たちの歩みを私たちがきちんと認めていきましょう。

褒められたときや、誰かに価値を認められたとき、発する言葉は「私なんて大した人間じゃありません」ではなく「そんな風に思っていただいて嬉しいです。これからも精進します」です。だって私たちは頑張っていますから。天狗になってはいけませんが、いただいた言葉や気持ちはありがたく受け取って、私たちはまた自分で自分の価値を高めるための旅に出るのです。ただし、褒め言葉を受け取れなかったからと言って自分を責めてはいけませんよ。

私の取り扱い説明書

取り扱い説明書、と聞くと誰かのためのものに聞こえませんか？

例えば家電の取り扱い説明書だと、メーカーさんが私たちに向けて家電の扱い方を教えてくれています。ですので私の取り扱い説明書、と聞くと、相手に向けて、私はこういう風に扱ってほしい人間ですよ、とお伝えするもののように聞こえます。

ですが、本書で私が言う「私の取り扱い説明書・私の自分マニュアル」は、「私が私のためにつくる情報誌」の意味です。誰かに向けて私をこのように大事に扱ってね、ではなくて、私はこうすると気持ちが穏やかになるよ、という、パニックになったり落ち込んだりイライラしたりして、通常の落ち着いた思考ができない私に向けた冷静な私からのメッセージなのです。

過去　　　未来

**過去の私の情報を元に
未来の私へメッセージを届ける**

なので書く内容は丁寧に扱ってほしいとか、大事にしてほしいとか、機嫌を取ってほしいではなくて、落ち込んだときはこんな風に過ごしてねとか、傷ついたらゆっくりお風呂に入ってみてとか、食べたいものを食べてみてとかのアドバイスが望ましいです。そのためにも、ネガティブな気持ちになるのはどんなときで、どういう風に落ち込みがちで、どういう風に過ごしたらいいのか、というどちらかと言うと見たくない、考えたくないことを書いておいてほしいのです。

ですから、取り扱い説明書を書くときは、ネガティブから少し浮上してきたときがおすすめです。ネガティブのどん底だと鬱々としてしまうし、ポジティブすぎるときだと、ネガティブになるときが思い出しにくかったり、過ごし方や思考のルートのアドバイスが出にくかったりします。一度落ち込んだり、傷ついたりして、少し時間が経ったことにより気持ちが落ち着いたときに、未来の私へのメッセージを取り扱い説明書として書いておいてください。

そして未来でそのアドバイスが役立ったときには、「ありがとう、過去の私！」と思うことも忘れずに。私はネガティブなことでなくても、これをやるようにしています。

例えば、過去の私が念のためメモしておいた情報が未来で役に立ったとき、「さすが私！　あのとき念の為メモしておいてよかった！　ありがとう！」と言います。

過去の私を今の私が褒め称えることで、過去の私が救われますし、今の私は嬉しい気持ちを存分に味わうことができます。それが未来の私の自信にも繋がるので、皆さんにもおすすめします。まずは、不安定な未来の私に対して、安心できるような行動マニュアルとして取り扱い説明書をつくってみてください。

努力の向こう側

根性論は昔よく言われた言葉です。私も社会人に成り立てのころは、気合と根性でやる、みたいなことを言っている先輩方を見ましたし、それが普通なのだと思っていました。

今は根性論はあまり受け入れられませんね。もちろん気合や根性は必要なものだと思いますが、それだけあれば大丈夫、というものでもないと思います。

さて、皆さんも目標を達成するために努力を積み重ねることがあると思います。

天才は１％の才能と99％の努力、なんて言葉もあります。努力と才能、どちらがより必要か、という意見もあるでしょう。努力はいつか実を結ぶという方もいますし、努力は裏切らないなんて言葉も聞きますね。

どれも素晴らしい考えだと思います。その一方で、努力したから必ず結果が出るわけではない、というのも事実です。オリンピック選手は皆さん努力しています。でも金メダルを獲るという結果を手にすることができるのはたった1人です。このように努力したからといって必ず思った結果が手に入るとは限りません。ですが、目指した理想の姿を手に入れるためには努力したい。

しかし努力した結果、望むものが手に入らないと、とてつもない絶望感や挫折を感じます。立ち直れないほどの絶望や挫折を感じるのが怖い。でも結果は欲しい。心の矛盾で疲弊してしまいます。

努力は結果を必ず生むとは限りません。ですが、努力は自信をつくります。金メダルを目指して努力したという事実は、努力した本人の中に蓄積されていくでしょう。それが自信につながります。つまり、努力する価値というのは結果だけでなく、その過程にもあるということです。

わかりやすいので引き続きオリンピック選手で例えますが、何の競技であれ、練習という努力を重ねるとできるようになることがあります。タイムが縮むのか、技をマスターするのか、得点率が上がるのか、何かしら成長を感じる瞬間があるでしょう。成長を実感することが自信に繋がります。

スランプ、というのは練習しても、今までのように成長を実感できるものがなくなったので、意欲が落ちるということでしょう。ですが、これは目に見える達成感のみを追い続けてしまっただけで、見方を変えれば毎日練習するという課題は達成できているので、継続していることに対して自信を持てばいいということになります。努力の向こう側にある自信を探しにいきましょう。

第4章　目標を設定し、行動に移す方法

思考のリミッターを外す目標の立て方

実は私たちの心には無意識に自分を制御するリミッターが存在しています。なぜこんなものが存在しているのかというと、やはり自分の心を守るためなのです。誰でも失敗したくないですよね。そうすると私たちの本能は自然と私たちを守るために、リミッターをつくってそれ以上のことを禁止するのです。

ですが、このリミッターはときに私たちに無意識の足かせになる場合があります。火事場の馬鹿力、なんて言葉がありますが、これはリミッターが外れたいい例と言えるでしょう。全力を出したつもりでも、いつの間にか無意識の足かせは私たちに力のセーブをかけてしまいます。

このリミッターを外すにはどうしたらいいのか。

目標を立てるときにも、私たちはリミッターを使っていることがあります。例えば、会社で来月の目標、来期の目標など事柄や数字を出すとき、無理なくこなせそうなものを出したりしませんか？会社によっては上司からもっと高い目標に変えなさい、などと差し戻しをされることもあるでしょう。私も会社員時代は無難な、クリアできそうな目標を掲げていました。何故ならば、達成できなかったときに、自分の心が傷つくからです。能力がない、自信がつかない、上司から怒られる、など目標の不達成によるリスクを回避したい。こんな思いが無意識にリミッターに変わります。

無意識のリミッターを外すには、自分を制限しているものが何なのか、探していくのも1つの方

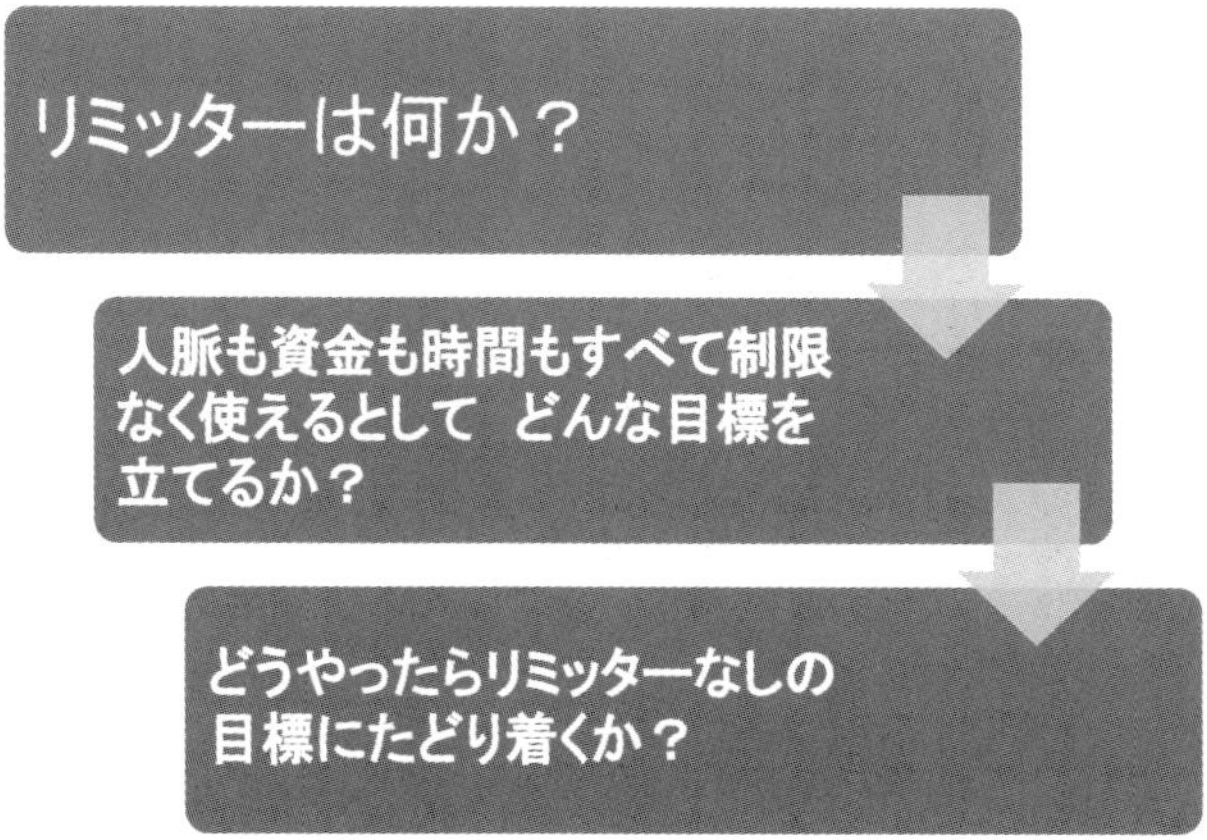
リミッターは何か？
人脈も資金も時間もすべて制限なく使えるとして　どんな目標を立てるか？
どうやったらリミッターなしの目標にたどり着くか？

法です。私は何に恐怖を感じているのか？　失敗すること？　出た結果に対する他者の評価？　自尊心が傷つくから？

制限しているものに対して、対策したり思考を変化させたりすることでリミッターを解除するのも方法です。

ですが、ここでお伝えするのは自分の制限をすべて取っ払った前提条件で目標を考えること、です。目標を立てるときは、自分の能力で届くかどうか、経済面や環境で達成できるか、など自然と考えていますが、一旦それをすべて考えずに目標を立ててみてください。資金も人脈も時間も全部制限なく使えるとしたら、私は今どんな目標を立てるだろうか？と計画します。

そして出てきた計画は、当然現状では環境が整っていないので、達成できそうにないな、と思うのです。ここからは道筋を考えればいいだけです。じゃあどうやったらできると思う？　そこに向かって私ができることって何？　と自分に問いかけてみましょう。

もちろん、考えられる方法は1つではないと思います。また、複数あったほうがのちのち選択肢を増やせるのでいいでしょう。制限のない状態で出てきた目標が、私たちが今、目指す最大限の理想です。

あとはそこに向かうために道をつくっていくだけ。さあ、どうやって進みましょうか？

ポジティブに考える

さて、リミッターを解除した目標を立てた後に出てくるものが、不安と恐怖です。この目標にたどり着けるかな、大丈夫かな、と思っている方もいらっしゃるでしょう。

ここではお待ちかねのポジティブ思考を取り出しましょう。ポジティブ思考とは、物事をいい方向に捉えて考えていく方法です。困難は一見、私たちにとって厄介なものですが、ポジティブに思考を使えばそれは成長のチャンスとなります。先程も申し上げたように、物事は1つの見え方ではなく人によって複数の捉え方があります。これをたった1人でやってしまおうというのが、ポジティブ思考です。

ポジティブに考えることは心の健康を保つことにも繋がります。心が穏やかだと私たちは安心して物事に挑戦できますし、落ち着いて考えることもできます。困ったことが起こった、とくよくよ

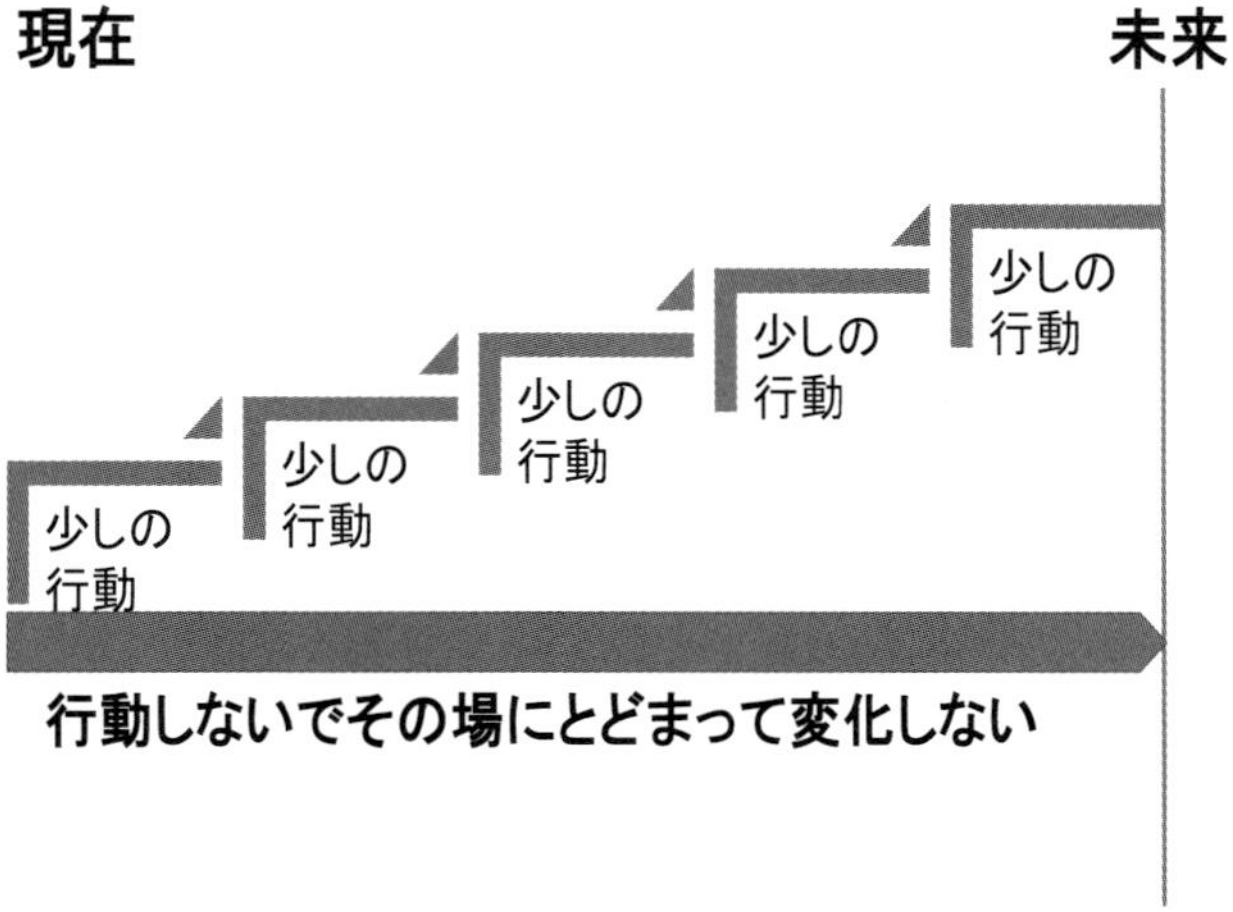
現在
未来
少しの行動
少しの行動
少しの行動
少しの行動
少しの行動
行動しないでその場にとどまって変化しない

考えるよりも、成長できる案件が起こった、さてどうする？　と考えたほうがよいアイデアが浮かぶと思いませんか？

ポジティブ思考は生まれ持った才能ではありません。もちろんポジティブに考えやすい、というような特性を持っている人はいるでしょう。ですが、ポジティブ思考の種は私たち誰もが持っています。それを開花させるために練習したり誰かを真似したりして成長するのです。種は持っていても咲かせていなければ、ないのと一緒です。ポジティブに考える癖をつけてみましょう。

批判が癖になっている人がいます。ニュースを見てもコメンテーターのコメントに文句を言う、ＣＭを見ても嘘だろうと否定する。ポジティブな人の話を聞いてもすぐにネガティブに変換する。

もしかしたら、あなた自身がそんな癖を持っているかもしれませんね。「綺麗事でしょ」とか、「あなたは聖人君子なんですか？」とか、「100%できてるの？」とか、いろんな否定や批判が出るのですよね。私もそんな否定的な人と話しているとさすがに疲れます。

ネガティブな発言って、都合がいいのですよね。いいことがない、だから私は少しくらいサボっても許される、とか。毎日辛い、だから皆私に優しくするべきだ、とか。自分に都合のいい世界を求めてしまうのです。私に都合のいい世界はない。だから欲しいものを手に入れるためにはもがくし、考えるし、間違うし、やり直すし、たまに成功する。

真綿にくるまれてじっとしていて、変化が何もなくて昨日の延長の今日が来て、未来にわくわくしない。その人生もあるでしょう。それを否定するわけではありません。

でも、少しでも自分の思い描いた理想に近づきたい。そのためには布団から出て歩き出すしかないのです。風が冷たくても、暑くても、誰かがここに残ろうよって声をかけても。だから私は進みますね。でもこの場所に戻ってくることもあるでしょう。そのときあなたの気が向いたら、私と仲よくしてください。

さあ、あなたは進みますか？

♡おいで、ネガティブ

ポジティブに考えることは重要で、気持ちが上向きな間は、空も飛べそうな勢いです。何が来ても大丈夫な無敵状態にも感じるし、世界が私の味方な気もします。

ポジティブはこんなにもメリットだらけのようですが、ポジティブすぎると落とし穴に落ちることがあります。例えば、防げたであろう小さなミスで失速するとか。

さあ、そんなときは出番です。私たちの慣れ親しんだ思考、ネガティブ。これを十分に使っていきましょう。本書では度々申し上げていますが、ポジティブだけで生きていけばいいわけではないのです。でもネガティブだけでも辛いですよね。幸い私たちはポジティブとネガティブを両方持っていますから、それをバランスよく使い分けることが大事なのです。これは研修でも相談者さんにも伝える、私の軸の１つです。

ポジティブだからいいのではない、ネガティブだからだめなのではない。使いたいときに使いたいほうを上手に使えていないから、私たちはもやもやするのです。

だから、目標を持って突き進む発進力がほしいときはポジティブを持ってきてください。走り出して、確認しながら計画を進めたいときはネガティブを持ってきてください。おいで、ネガティブ。私の計画に不備はないかな？　もしも躓くとしたらどこで？　そして、躓いたときにはどうしたらいいと思う？

対策を練り、予防できるミスを回避するためにもネガティブの力が必要です。過去の私たちがいらない、とゴミ箱に捨ててしまったネガティブは大事な宝物です。拾って持ってきてますね？ここが出番です。

私たちがネガティブを嫌っていたのは、それが不意に訪れて私たちの心をかき乱すから。最初か

ポジティブの剣で突き進み
ネガティブの盾でミスを回避する

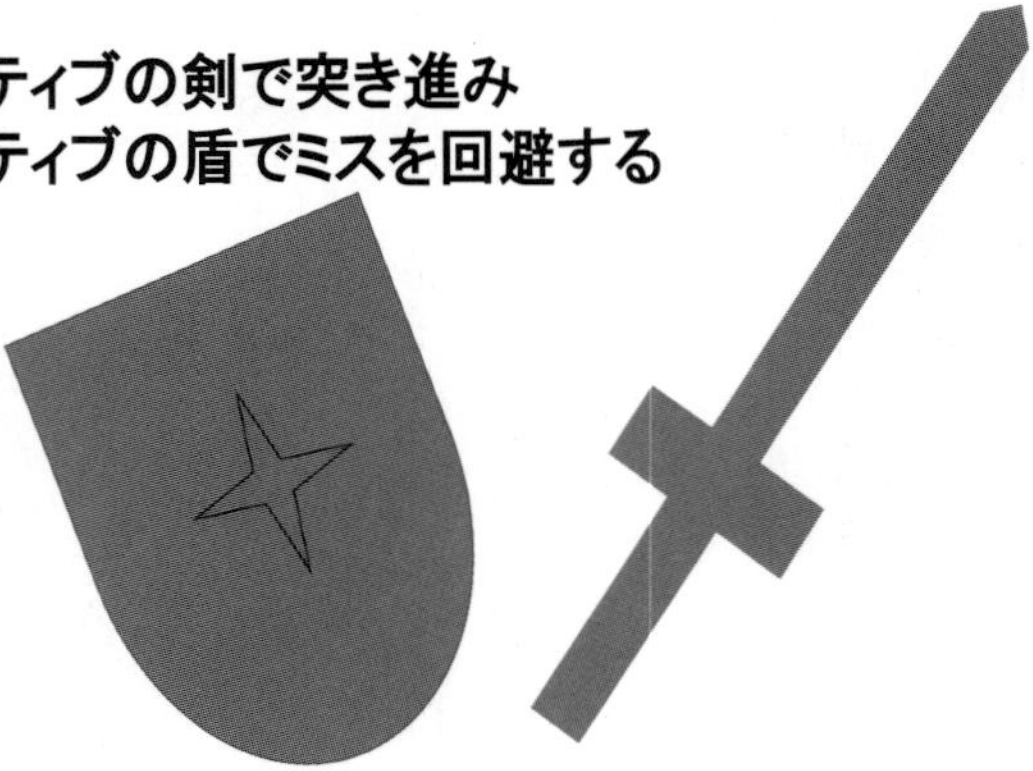

ら使う、とわかっていて、使い方もコントロールできるなら、それは私たちの大きな武器になるのです。右手にポジティブの刃を、左手にはネガティブの盾を。これで私たちは最強の勇者になれるのです。

これから行う計画に、漏れや不備はないですか？　もしもトラブルが起こるとしたら、それはどんなトラブルが予想されますか？　トラブルがもし起こったら、どんな対処法でクリアできるでしょう？　クリアするために必要なものはなんですか？　根回し？　予備の材料？　それとも余裕のある納期？　さあ準備できるものはすべて準備してしまいましょう。

不測の事態が起きることもあるでしょう。ですが、大体は予想できるミスです。予測範囲のミスをカバーする準備ができていれば、不測の事態にも何とか立ち向かっていく方法が見つかるはず。

だって私たちは最強の盾を持っているのだから。

私たちの筋金入りのネガティブはそこら辺の予測可能なミスには負けません。
さあ、おいでネガティブ。一緒に目標にたどり着きましょう。

♡ 失敗とは何か？

相談者さんはよく私に伝えてくれますが「失敗すると怖い」のだそうです。皆さんもそうかもしれませんね。では、失敗すると何が怖いのでしょう？

私は相談者さんに「失敗すると怖い」と言われる度に、なぜ怖いのか、どの部分がそう思うのかを一緒に考えていきます。するとだいたいの方が、失敗したときに周りの人に変な風に思われたり、馬鹿にされたりするのが怖いし、自分の能力の低さが露呈しているようで怖いとおっしゃいます。

私たちは自己評価が低いわりにプライドが高いのです。

だから、仕事で失敗するかも、と予想しつつ、実際失敗すると落ち込む。本当は深層心理でできると思っていたのです。しかし何事も最初からできる人はいません。私たちは最初歩けず、話せず、自転車にも乗れませんでした。でも練習して二足歩行をマスターしたし、とうもろこしも言えるようになったし、自転車で友達と出かけられるようにもなりました。それなのに大人になると、最初は失敗する、という事実を受け入れることが難しいようです。

そうは言っても怖いものは怖い。ですから、失敗の定義を変えてしまいましょう。私のセミナーに参加した方の中には聞いたことがある、という人もいるでしょう。失敗をその言葉のままで受け

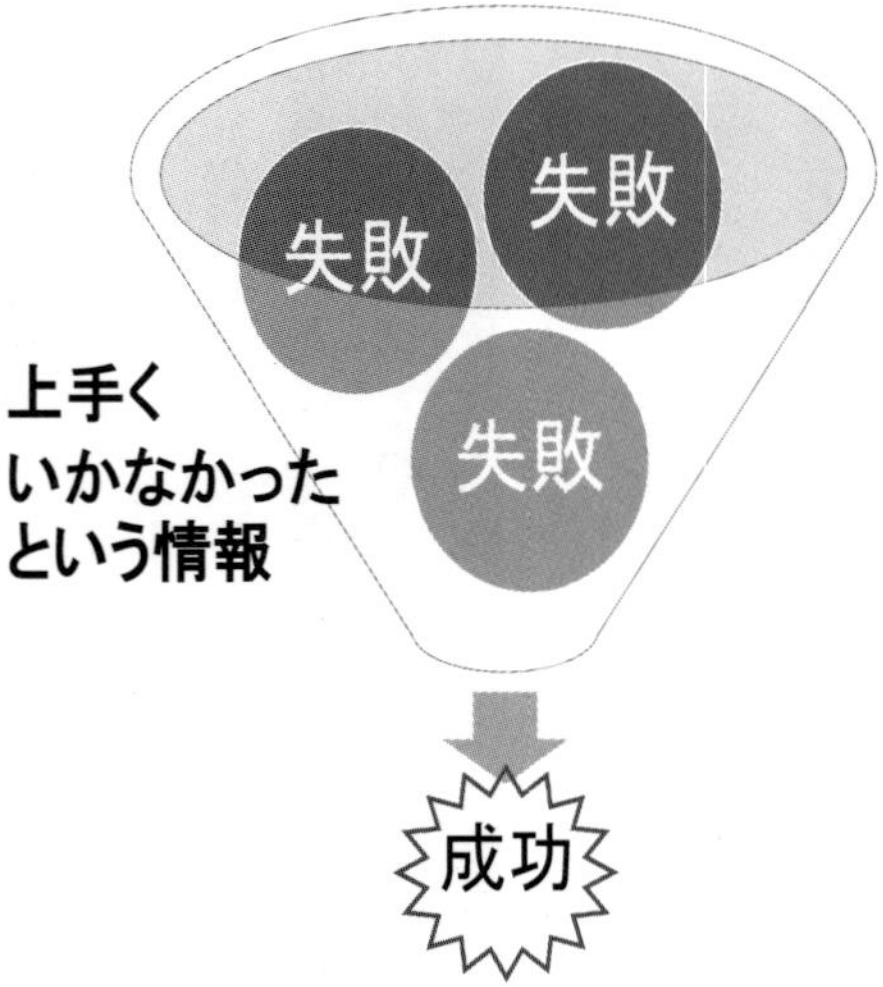

取るから怖いのです。失敗とは、「こうすると上手くいかなかった」という情報でしかありません。成功するかな、と思って行動したけど上手くできなかった、という情報が手に入ったのです。

わかりやすいので、言葉としては「失敗」を使いますが、意味合いとしては情報入手。ただのデータでしかありません。データを入手するのにいいも悪いもないですし、恥ずかしいとか外聞がとかもありません。

私たちは歩き出すときや話しだしたときの記憶はないかもしれませんが、自転車に乗るときの記憶くらいはあるでしょう。

最初は三輪車で、漕ぐという行動を学びました。次に自転車に補助輪をつけてもらいました。少し大きな乗り物に乗る経験をして、補助輪が外れました。そして私たちは大人に自転車の後ろを支えてもらいながら右足と左足を交互に動かして自転車全体のバランスを取りながら進むことに挑戦したのです。最初はふらついたし途中で転んだことでしょう。その失敗の情報をもとに、もっと早く足を動かす、とかハンドルをしっかり持つとか、改善を重ねていくのです。そしてついに自転車はまっすぐ進むようになりました。

私たちは失敗という情報を日々データとして収集して次にどうすればいいのかを試行錯誤するだけなのです。なぜ子どものころにできていた試行錯誤と改善を大人になって怖がるのですか？大丈夫、私たちは失敗したのじゃない。今日も新たなデータが手に入っただけです。情報化社会においてこれほど素晴らしい財産はないでしょう。

♡ ASIS TOBE思考

ASIS TOBEとは問題解決に使われる手法です。聞いたことがある、という方もいらっしゃるでしょう。ASISが今ある現状の姿を現します。TOBEが理想の姿、そうなりたい姿を現しています。この思考を使って目標を追う行動に移していきましょう。

ASISとTOBEの間にあるものが何か想像がつきますか？　この2つの間にはギャップがあります。理想にたどり着きたいのに、今の現状はそこにはない。このとき生まれるギャップに私たちは苦しめられる場合があるのです。

足りないものを直視しなければいけません。もしかしたら、足りないものが手に入らない可能性

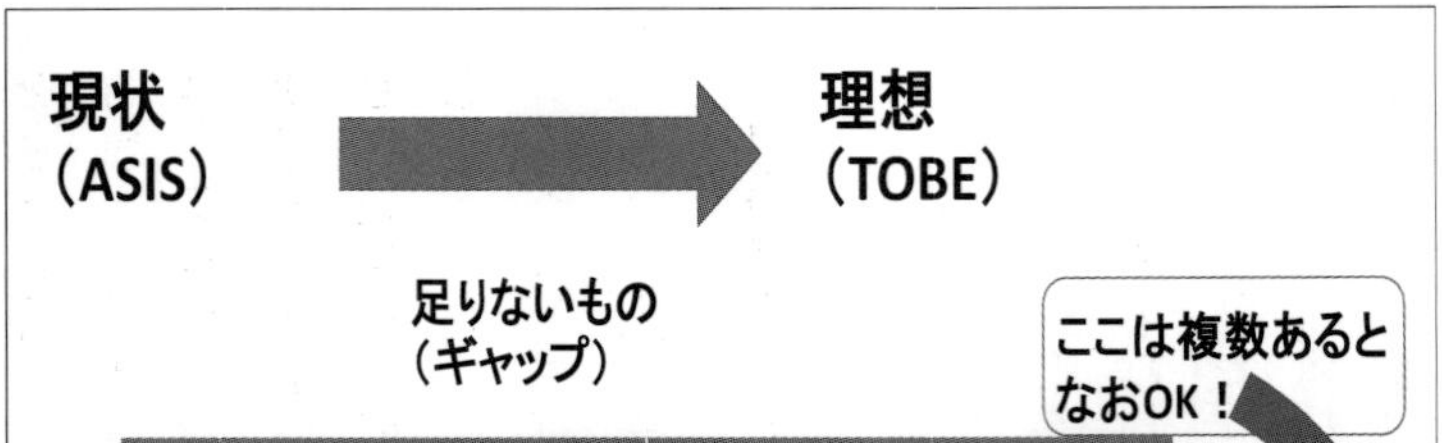
現状
（ASIS）
理想
（TOBE）
足りないもの
（ギャップ）
ここは複数あると
なおOK！

何が足りないか	どうしたら解決するか
例）自分の能力不足	例）本を買って学ぶ

もありますね。理想に届かないかもしれない恐怖もあります。理想が高いほど、手を伸ばしても届く気がしない、モチベーションの低下にも繋がるでしょう。これらに私たちは苦しめられます。ですが、正しくＡＳＩＳとＴＯＢＥを用いて、冷静に理想を追う行動に繋げればいいだけですのでご心配なく。

さて、まずは現状を把握しましょう。皆さんが思い描いた理想に対して、今現在、皆さんはどのあたりにいますか？　富士登山に例えるなら、３合目の人もいるでしょう。５合目、８合目の人もいますね。自分の立ち位置を誰かと比べるわけでもなく、過小評価も過大評価もせずに出してみましょう。皆さんは何合目にいますか？

現状の把握が終わったら理想をきちんと設定しましょう。未来にどうなりたいのか、を設定します。

私は理想を設定するときに、できるだけ細部までリアリティに溢れた想像をすることをおすすめしていますが、これは人それぞれです。細部まで想像したほうが楽しいという理由と、細部まで想像することによってより今後の道筋が見えやすいという利点があります。

理想を設定できたら、次はそのギャップに目を向けましょう。大きい人もいるでしょうし、もうすぐ届きそうな人もいるでしょう。では現状と理想の間で、今足りないものはなんですか？　チームワーク？　時間管理？　能力？　計画性？　いろいろ出てくると思います。このギャップこそが、これから取り組む課題になります。チームワークが足りないなら、どうやったらこのチームワークが今以上になると思うか、を出して実行してみましょう。大丈夫です。なんか違うかも、と思ったらまた考え直せばいいだけですから。時間が足りないならどうやったら時間がつくれますか？　能力不足なら、勉強をしに行きますか？　それとも専門家を仲間に加えますか？

この思考をしている間は感情はいりません。ギャップが果てしなくてがっかりしたり、道が遠くてうんざりする必要はありません。ＡＳＩＳとＴＯＢＥの間にあるものをただ認識して、それを解決するためにはどうしたらいいのか、をアイデアとして出していけばいいだけなのです。

日々の行動と振り返りのやり方

さて、ＡＳＩＳ ＴＯＢＥで課題を見つけてどう解決するかを考えたあとは、実際に行動するだけです。行動のやり方としては、テンションが上がらない日もできるような無理のない行動にすることがおすすめです。

例えば、私は運動が苦手で常々運動不足だと思っていますが、人並みに痩せたいという願望があるのです。ASISが脂肪が気になる自分、TOBEが理想のスタイルの自分としましょう。ギャップはあと何キロ減とか筋肉の具合が相当しますね。そうすると行動としては運動するというアイデアが出てきます。

ところが、私のような動くことに億劫な人間が、運動する、という行動に対して大きく出てしまうと「毎日5時間ジムに通う！」と目標を立ててしまいます。するとどうなると思いますか？　最初の数日は張り切って行くでしょう。ですが、雨が降ると途端に腰が重くなります。「今日は雨だし、お休みしようかな」そして翌日は晴れたとしても「何か面倒くさいな」に変わるのです。だんだんと5時間ジムに通うのが負担になってきて、ストレスに感じます。そして立てた目標も完遂できない自分が嫌になって自己肯定感が下がり、自分なんてだめだ、とネガティブがいらないところで力を発揮して目標が頓挫するのです。

このような残念な事態を避けるためにも、私たちに必要なことは、小さな行動を目標にするということです。例えば私の運動に対する目標であれば、毎日5分だけエクササイズ動画を見て一緒にやってみる、とか。実際、私は今エクササイズの動画を見て30分ほど運動する毎日を送っています。もちろん仕事の都合上できない日もありますが、そこは厳しく取り締まらずに今日はできなかったけど明日はやってみよう、とほどほどに力を抜いています。

目標を立てた後に、毎日やらないと、と思っている方がいます。継続しないと、とご自身に足か

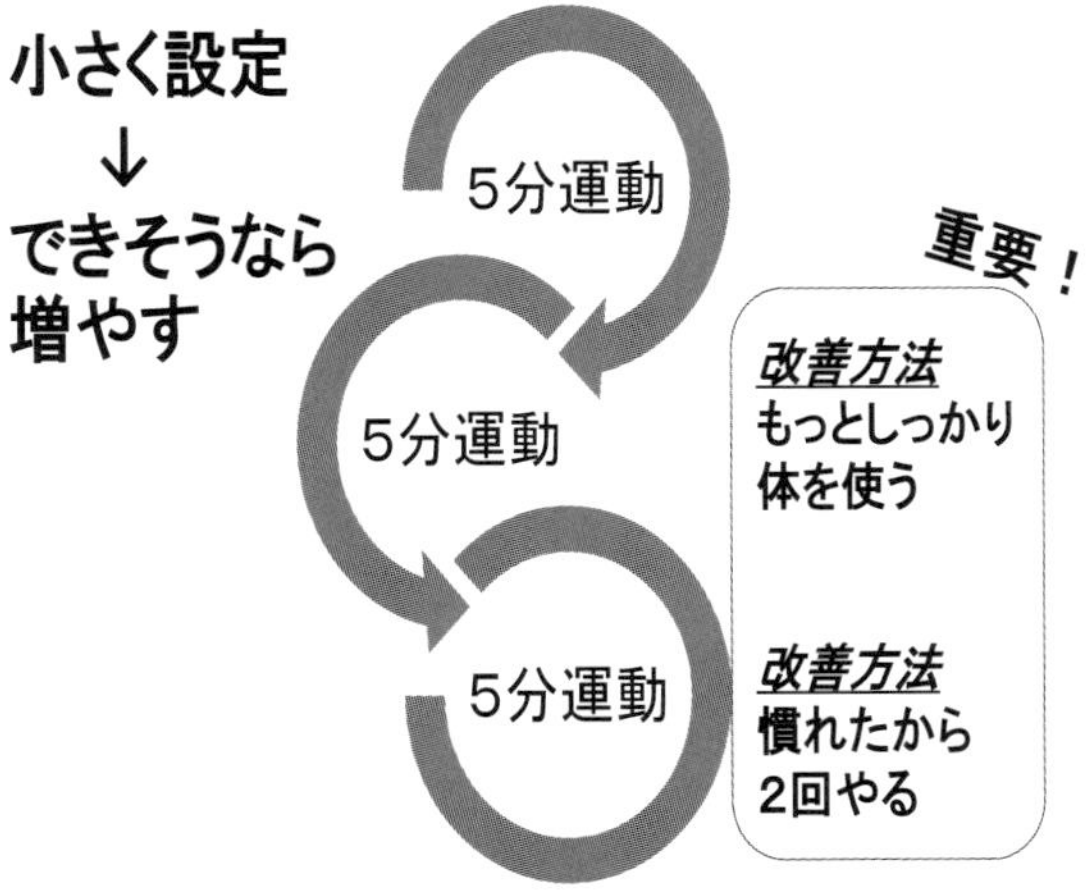
小さく設定
↓
できそうなら
増やす
5分運動
5分運動
5分運動
重要！
改善方法
もっとしっかり
体を使う
改善方法
慣れたから
2回やる

せをつけているのですね。そうするとできない自分を否定することになりかねないので、あまりおすすめしていません。三日坊主は三日坊主を続けると自然と続けるに繋がるよ、と言われたことがあります。絶対に毎日やらないと、と自分に呪いをかけるのではなく、毎日やるようにするけど、人間だし予定もあるし、三日坊主を続けるくらいで大丈夫、を心がけてみてください。

行動した後は振り返りましょう。今日の行動をした、という事実を褒めつつ、もう少し改善するとしたらどこを改善する？　今日の行動で反省するところがあるとしたらどこ？　と自分に聞いてみましょう。このときも、「反省点があるなんてよくない！」とか「改善の余地があるような不完全な行動ではだめだ！」と叱りつけるのはやめてください。私たちは日々成長しています。ですから日々改善していくのは当然ですし、今日より明日がより完璧に近づいていて当然なのです。

さあ今日も小さく行動して明日の改善につなげましょう。

明日、何をやるのか、何をやらないのかを決める

現代に生きる私たちは常に忙しいので、日々のタスクに追われてしまいます。その上、イレギュラーな案件も舞い込んで、てんてこ舞いになることでしょう。

お子さんをお持ちの方なら、仕事に出かけたのに学校から電話が来てお子さんの体調不良のために病院に行くことになった、習い事のスケジュールを失念していて送迎が必要だった、とか。会社員の方は、今日の業務を行っていたら上司から明日までの急ぎの案件を頼まれた、進めていた案件でトラブルが生じたのでそちらの解決に追われた、など。

私たちの1日は、急な変更があって、なかなかスムーズにいかないことが多いです。私の相談者さんにも、上司に日々のタスクを追加されたけど、私は今でも手一杯なので、どうしたらいいかわからない。でも断ることもできなくて…と徐々にタスクが増えている方もいます。

ですが、私たちに抱えられる量というのは人それぞれ決まっているのです。限界まで抱えて、さらに荷物を追加したら、私たちの手からは何かがこぼれ落ちる。キャパシティーは徐々に大きくすることができますが、明日あさっての話ではないし、今の自分で精一杯です。

かつての私もそんな考えを持っていました。あの仕事もこの仕事もその仕事も抱えて、さらに

今日やること

- 例）急ぎの業務

今日やらないこと

- 例）同僚の手伝い

やらないこと・置いていくものを決めて持てる分だけ抱える

別の仕事がくればそれも抱える。持てる限界の量はとっくに超えているのに、それに気づかず来たものはすぐに持ちたがる。その結果、どうなったと思いますか？　当然、抱えきれずにこぼれだしましたし、これ以上抱えるのは無理で、心が疲弊してしまいました。

もし右手に荷物を持っていて、左手にも荷物を持っていたとしたら、次の荷物はどうしますか？　無理矢理右手で持つ？　背中に背負う？　方法はあるかもしれません。ですが、その次の荷物は？　その次は？　その次は？　いつか持てなくなりますし、重さに耐えかねて落とすかもしれません。

私たちが今抱えられる量は決まっています。人それぞれ量は違いますが、その人の限界を越えようとするとこぼれ落ちて、拾う作業に時間がかかってしまいます。そうならないためにも、「今日何を持って行って、何を置いていくのか」を決める必要があるのです。

仕事も同じです。今日という時間が決まっていて、抱えたものがすべて片づかないのであれば、今日何をやって今日何をやらないのか、を取捨選択する必要が出てきます。

私たちがこぼれた荷物を拾い集める時間を短縮するためにも、置いていくもの、やらないもの、を決めることは、優先順位を決めることと同じくらい重要なことなのです。

さあ、今日は何を置いていきましょうか?

♥ 理想と現実の捉え方

理想とは、私たちが前に進むための道しるべだったり、原動力だったりします。理想通りに、希望通りに未来が進んだらどんなに素敵なことでしょう。

ところが、現実はしばしば理想とかけ離れた場所に存在するのです。これは私たちのやる気を削ぎ、モチベーションを下げ、勢いを失速させます。私たちは理想に向かって行くにあたり、この理想と現実の調和を上手く行うことが大事になるのです。

理想は大事なのですが、高い理想でたどり着けないのが嫌だから、手が届く目標にするというのはおすすめできません。私たちはなかなか手に入らない理想だからこそ、それを目標にして進んでいくことに意義を見出すのです。まずはご自身で掲げた理想に誇りを持ってください。あたなが設定した目標は理想に近づくために必要なものなのです。

その上で現実をしっかりと捉えましょう。今足りないものがあって当然です。私たちは足りないものがあって今たどり着いていないから、それを理想や目標としているのです。全部持っているのに理想にたどり着けないなんておかしな話ですよね。足りないものがいくつも出てくる現実を「それでよし」とできないから、私たちの心は傷つくのです。足りないものがあってよし、とするのが私の思考です。

私たちは今、完璧な超人ではありません。できないこともあるし、足りないものもあるし、苦手なものもある。弱点があるから愛嬌があるのです。美形で頭がよくて運動もできて性格が抜群によくて、人望もあって経済的にも恵まれている、なんて人、存在すると思いますか？

完璧な現実はないのです。だから今の不完全な自分を、そうだよね、と流せるくらいがちょうどいいです。

現実に足りないものを認識していても、じゃあそれを全部揃えたら１００％理想通りになれるのかというと、そうではありません。私たちの理想が、寸分の隙もなく、１ミリの欠点もなく、完全に完璧だからです。

つまり、１００％理想通りには絶対になり得ない、というのが私の結論です。

がっかりしましたか？　私の相談者さんは皆さん、ご自身の理想に完璧に１００％絶対に沿うようにしようと頑張っています。ところが当然その通りにならなくて、心の疲弊を感じているのですが、それは自分で自分をいじめいているのと同じです。だって私たちが完璧で隙もない超人になるのは不可能なのですから。

理想は掲げましょう。そこを目指しましょう。でも、私たちが人間である以上、理想に100％ピッタリ、少しのズレもなく当てはまることはないのだ、という事実も頭の片隅に置いておいてください。

あまり頑固にならずに、それでも理想を追う向上心を持つことが、理想と現実を上手に捉えるコツなのです。

未来は今の延長上

私たちの思い描く目標は、自分が未来にこうなったらいいな、というわくわくした気持ちで考えるものだと思います。もちろん大きな目標のこともあるし、小さな目標のこともある。私だったら、来年までに4キロくらい痩せたいな、とか。年始に立てる、今年は○○する！　なども目標の1つですね。

目標を決めて、清々しい気持ちになった後、私たちはなぜか、棚ぼたのようにそれを待ち続けることがあるのです。今の自分をキープしたまま、理想が空から降ってくるのをいい子に待っているのです。

これ、未来が変わると思いますか？　私たちが掲げた理想に届くには、今手にしていないものがたくさんありますよね。能力や環境かもしれません。私はそれをよく武器、と表現します。

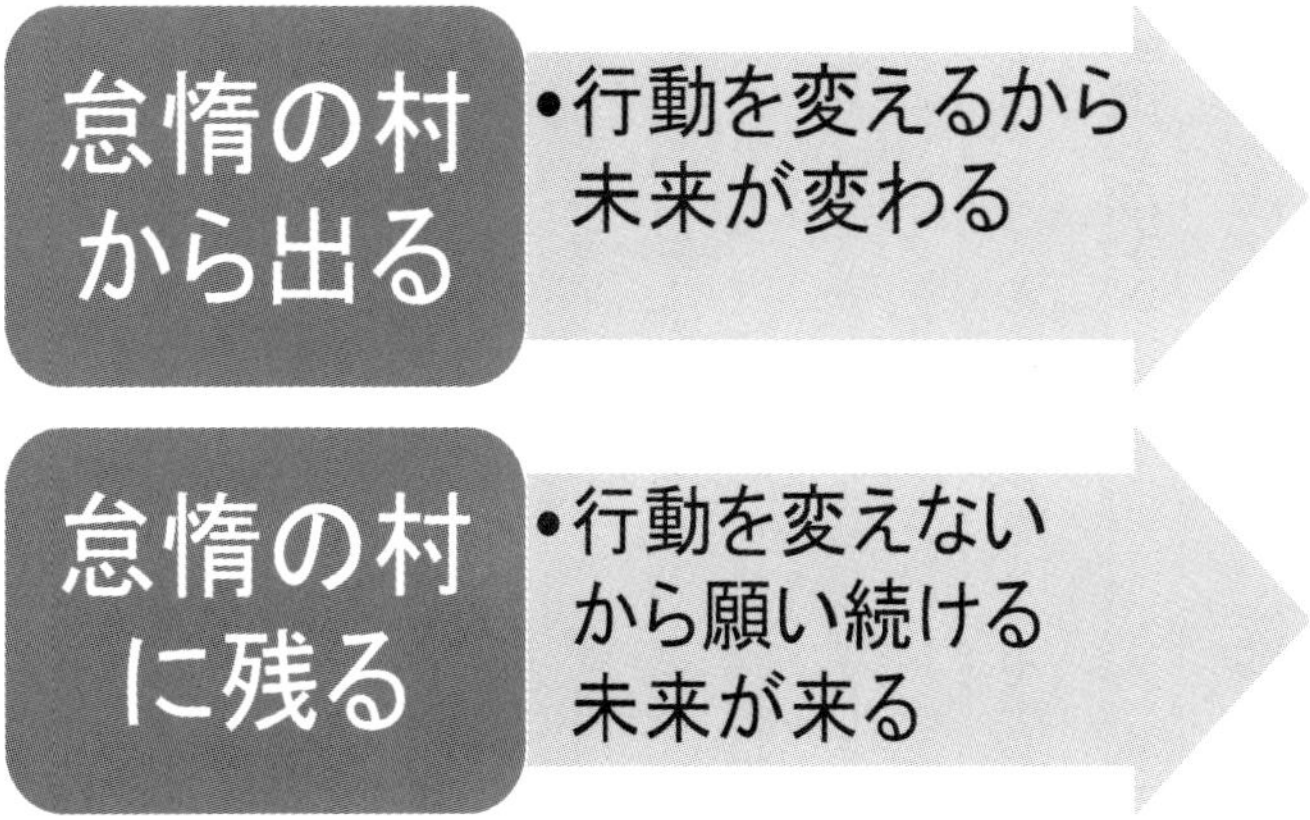
怠惰の村から出る
•行動を変えるから未来が変わる
怠惰の村に残る
•行動を変えないから願い続ける未来が来る

未来は今の延長上にある

ゲームで例えると、私たちはこれから理想という魔王にたどり着くために旅を始める勇者です。最初にいる村では武器が手に入らないから、村を出て冒険して仲間を増やして武器をグレードアップして、経験値も挙げて能力を手に入れるのです。村から出ずにいつか魔王と会えますか？

村から出ずに魔王に勝てますか？　こうやってお話すると、なるほど、と納得することでも、現実世界になると、私たちは動かずにときが来るのを待ってしまうことがあるのです。

私の目標を書きましたね。来年までに4キロくらい痩せたいな、です。これを目標に掲げているのに、毎日運動もせずにゴロゴロして、好きなものを好きなだけ、好きな時間に食べ放題にしていたら、皆さんどう思いますか？

「痩せる気あるのか？」って思いませんか？

そうです。目標って掲げたらそこにたどり着くために村を出ないといけないのです。

多くの人の場合、その村は怠惰の村です。怠惰の村に残り続けて、理想の体型は手に入りません。それなのに私は怠惰の村で、来年4キロ痩せたらいいなって願い続けているのだとしたら、これほど無意味な行為はないでしょう。

私たちは変わりたい、理想の自分になりたい、と思うことから変わり始めます。ですから、最初に思考で理想を思い描くことは大賛成。

ですが、思い描いた後は、ひな鳥のように口を開けて待っていたら誰かが未来を連れてきてくれるわけじゃない。

私たちは私たちを引き止める怠惰の村を出発して、これからやってくる困難に立ち向かう冒険に出るのです。冒険に出て、今の行動を変えた人にだけ魔王と出会えるチャンスが来ます。怠惰の村で毎日理想に近づきたいと願い続ける人には、理想を願い続けるだけという未来がやってくるでしょう。未来はいつも今の延長上にあるのです。

さあ、私たちの旅立ちを引き止める怠惰の村から、あなたはいつ出発しますか?

魂を磨く

私たちは怠惰の村を出て、冒険の旅に出ました。理想という魔王にたどり着く旅ですが、困難もたくさん待っていることでしょう。それを1つずつクリアしていくために、あるときは剣をつくるための材料が必要ですし、あるときは経験値が必要になるでしょう。あるときは仲間が必要です。それらを手に入れるために私たちはたくさんのチャレンジをするでしょう。

ここで、コストパフォーマンスやタイムパフォーマンスを考える人も出てくると思いますが、私たちが心がける必要があるのが、「魂を磨く」ということです。「魂を磨く」という言葉を私は自分の内面を鍛えるとか、精神的に成長する、という意味で使います。

ここでいう魂とは、ストレートに命を指すのではなく、心や意識、思考のことです。人間的成長とすれば理解しやすいでしょうか？

私たちは1人では生きて行けず、他者と関わりながら、自分らしさや自分の理想を求めていきます。そんな中大切なのが、自分にも他者にも誠実であること、ＷＩＮＷＩＮの関係性が築けているかということ。

お金持ちになりたい、という目標を掲げた人が、怠惰の村を出て、どこかで強盗や詐欺をしたとしたら、お金が欲しいという理想は手に入れたかもしれませんが、ＷＩＮＷＩＮではありませんし、それで得たものは物質のみであり、心が満たされていないのです。

本当の意味で理想を手に入れるというのは、理想を追い続けるプロセスの段階から、心が穏やかに満たされて、失敗も成功も自分の糧としていくこと。因果応報とはよく言いますが、私は誰かを不要に傷つけて手に入れた物質は、いずれ私たちに重たい罰を与えるような気がするのです。

例えば強盗や詐欺をした人が、誰かから追われているのではないか、とビクビクしたり恨まれて

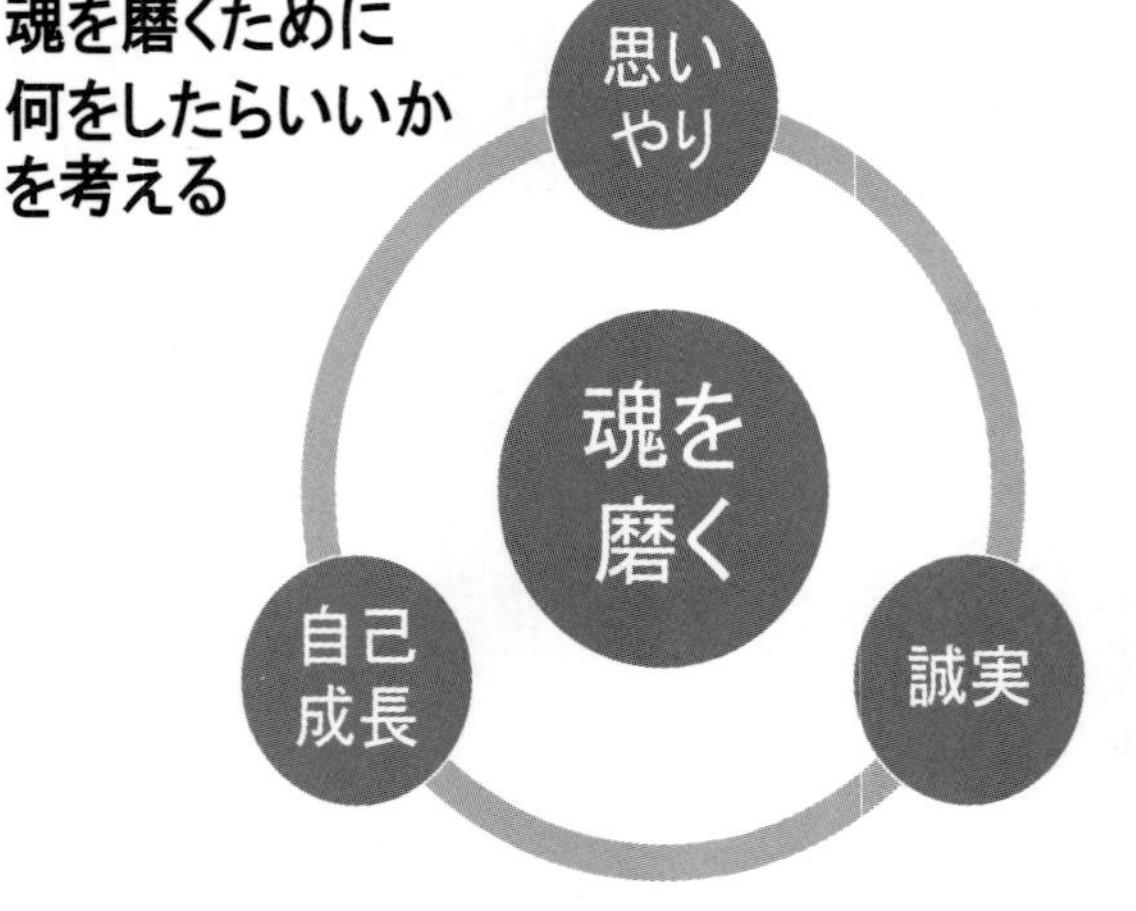
魂を磨くために
何をしたらいいか
を考える
思い
やり
魂を
磨く
自己
成長
誠実

いるのではないかと疑心暗鬼になったり、ついに逮捕されたり。これでは物質が手に入っても心が休まりませんよね。本当の理想通りや目標を達成する、というのはここにはないのです。

もちろん、私たちは聖人君子ではありませんので、私たちが目標を達成するために誰かが悔しい思いや傷つくこともあったかもしれません。それでもできるだけ不要に誰かが傷つくことがないように、と考えることで私たちの魂は磨かれていくのです。

思いやることができない人は誰かに思いやりをもらうこともできません。ここもバランスが必要で、誰かのためだけを追い続けるのではなく、私も含めて皆がよりよい方向を見つけていくことが重要です。

完璧に心清らかな人間ではありませんが、それでも私たちは今日も魂を磨き続けるのです。

第5章　心の状態をコントロールする方法

私たちは心を軽んじる

利他の精神という言葉があります。奉仕の精神という言葉もあります。どちらもいい言葉だと思うのですが、私は何事にもバランスが重要だとも思うのです。

私の相談者さんにも多いのですが、誰かのために、を優先するあまりご自身の気持ちを後回しにしてしまうことがあります。例えば、仕事中同僚に頼まれた業務を優先してご自身の業務が進まない、ご家族のことを第一に考えすぎてご自身が休む時間がない、など。

日本人特有のおもてなし精神は素晴らしい文化だと思います。ただ、これもバランスの問題でおもてなし精神だけを追求しすぎて自分を見殺しにしてよい、というのは方向性がズレてきているような気がします。私たちは褒められるともっとやろう、とモチベーションが上がります。

おもてなしを褒められ喜ばれると、もっとおもてなしを、もっと誰かのためにを追い求めてしまうのでしょう。そうすると、その状態に慣れた私たちは自分を置き去りにしてでも相手の期待に応えることを優先してしまいます。

相手の期待に応えて、相手におもてなしをして、相手が喜んで助かったと言ってくれる。この状態が私たちの日常になったとしたら。私たちは自分のタスクや急ぎの仕事を脇に追いやってでも、相手を助け続けます。

私にも経験があります。頼まれたことは断らずに全部やる、という状態。この状態は自分の心身

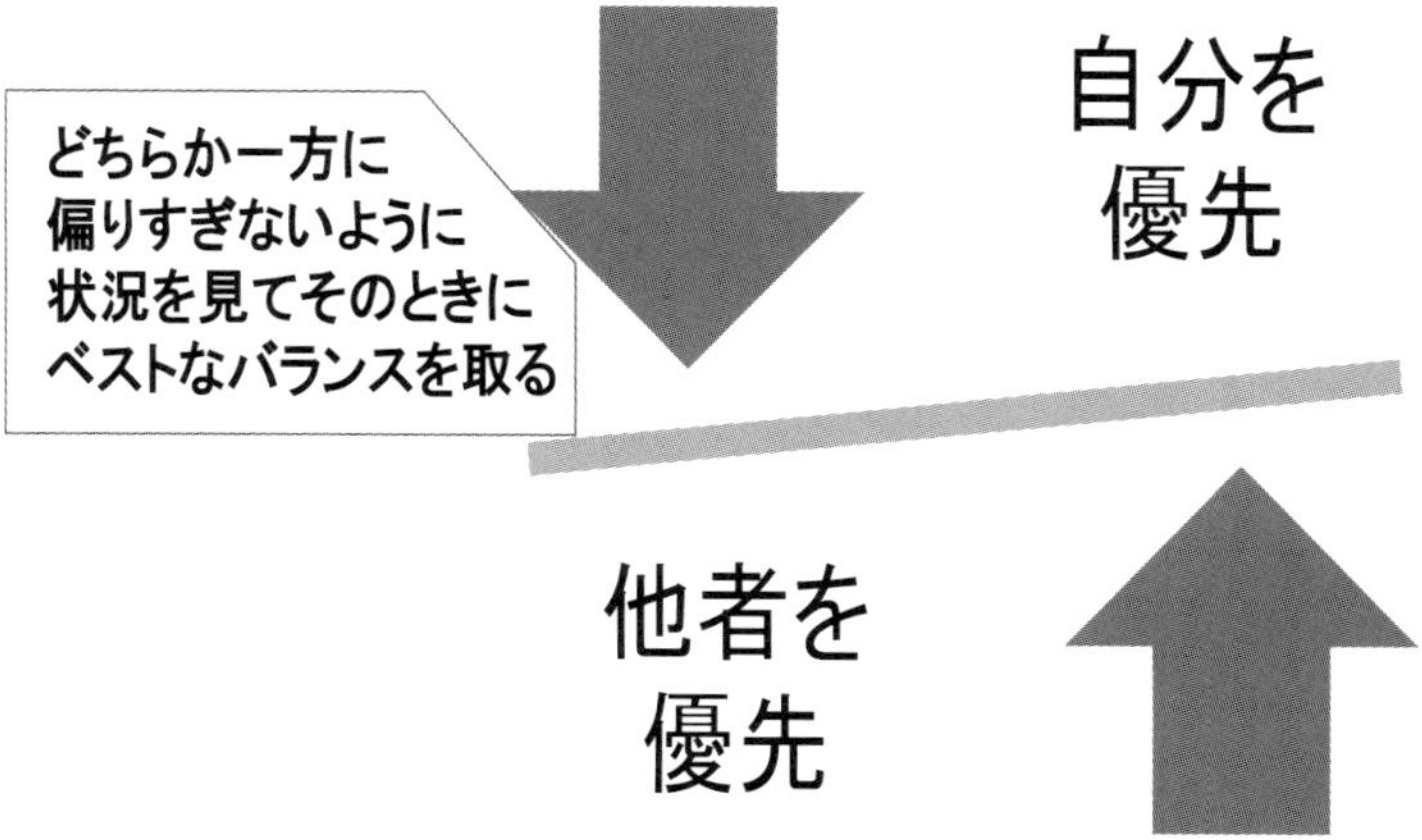
自分を優先
どちらか一方に偏りすぎないように状況を見てそのときにベストなバランスを取る
他者を優先

が健やかな場合には問題なく回るのですが、一度心か体の不調が出るとあっという間に崩れて行きます。人にもよりますが、仕事に行けなくなる人もいるでしょうし、感情が欠落したようになる人もいるでしょう。体は元気でも心が言うことをきかない人もいますし、体に不調が出て治らない人もいます。

ここまで来てしまうと、自分でも自分がどうなったらよいのか、どうやったら健やかに戻るのか、がわからないことが多いです。ご自身にわからないことは他者には余計わかりません。なので専門家は過去の事例を持ち出しながらケアの方法を進めていくしかないのです。

この状態は、完治が難しかったり、状態をよくするのも時間がかかります。これを防ぐことで、私たちは少しのプレッシャーやストレスを感じつつも目標に向かっていけるのです。

ではどうやって防いだらいいのか？　私たちは他者

を思いやることはできますので、同じように自分を思いやるのです。生まれてからずっと一緒に駆け抜けて来た大事な自分を一番おろそかにしているなんて、自分に申し訳ないですよね。ですから、自分の気持ちを確認しながら今日も進んでいくのです。

誰かのお願いを断りたいときには、人間関係に留意しながら、「今ちょっと手が離せないので、こちらが終わったらすぐ手伝いますね」とか「来週でもよければできますが、それでもいいですか？」とか代替案を出しつつ、自分を優先していきましょう。

私たちは自分に厳しすぎる

自分を律するというのは、並大抵の努力ではないので素晴らしい状態です。向上心を持つためにも自分はまだまだ未熟であるという意識も重要です。

ですが、これもバランスの問題で、律しすぎたり、未熟者だと思いすぎたりすると途端に私たちの心の健康は脅かされることにもなります。私は常々、物事にはバランスが重要だと思っています。

私たちは立っているときも座っているときも、バランスを使います。立っているときにバランスがよくなければ、足を痛めたり腰を痛めたりするでしょう。左右均等な人はいませんが、それでも均等を心がけている方も多いのではないでしょうか？

油断すると私たちは、自分を厳しく追い込んでしまいます。それが悪いことではないのです。例えばスポーツをしている方は、筋力や持久力をつけるために自分を追い込んで練習に励むことが必要になるからです。私たちも、例えば社会人として成長するためには、多少の負荷をかけることが必要になります。人間は今より成長しようとするとき、今の自分では少しきつく感じる負荷をかけることで能力を向上させることがどうしても必要なのです。

この負荷が重すぎたり、延々とかけ続けすぎたりすると私たちはいつの間にか、自分で自分をいじめている状態に陥ってしまいます。他者には優しくできるのに、自分には優しくできない相談者さんは実に多いです。

例えば、部下の間違いや失敗は次気をつければいいよ、と許せる上司が、同じ間違いや失敗をする自分に対しては「何でこんなミスをするんだろう、だからだめなんだな」とか「こんな間違いをするなんて自分はなんて能力が低いんだ」「自分なんか消えてなくなればいい」などと、本当にどこにそのボキャブラリーがありましたか？　と聞きたくなるバリエーションの多さで、ご自身を責め続けるのです。

私たちは自分を置き去りにしがち、と前の項目でお話しましたが、同時に自分に厳しくしすぎているのです。気持ちを無視して、意見を取り合わず、何をしても褒めてあげなくて、失敗したら鬼の首をとったような責め具合。これだけ聞くと、自分を蔑ろにしすぎだと思いませんか？　相手が子どもなら虐待にも見えませんか？　モラハラもいいところだと思いませんか？

でもこれ、私たちが息を吸うように自分に対して行っている行為です。人によっては今まで気づかなかった、という場合もあるでしょう。私の相談者さんには、これに気づいてもなかなか自分に優しくできない方が多いです。

癖とか思考のパターンというのは、このように私たちの心に根強く染み付いていて、呼吸と同じくらい無意識に日常的に行ってしまうのです。

私たちは自分に厳しくしすぎています。自分に甘々で箱入り娘のように大事にするのもどうかと思いますが、どちらかに偏ることのないように、最近厳しくしすぎたな、最近ちょっとたるんでるな、とか自分を観察していけるといいですよね。

感じたことを吟味する

私たちが鬱々と悩むのも、元気に頑張れるのもすべて感情があるからです。人間らしい気持ちや思考を持っているからこそ喜怒哀楽を感じ、それが今現在はＡＩとの区別にもなります。

ですが、この感情に流されて影響され続けると、私たちのモチベーションは一定にはなりませんし、気持ちに左右される状況は私たちを悩ませます。そのため、皆さんも常にポジティブでありたい、とかネガティブ思考をやめたい、と思うのでしょう。

何度も申し上げているように、物事にはバランスが必要です。感情がなければいいわけではありません。私たちは感情をコントロールするためにも、ときに感情と向き合っていく必要があるのです。見ないふりで蓋をするのは簡単でしょう。ですが、それでは解決にならないときがあるのです。

なぜそう感じたのか、どこでその思いが芽生えたのか、その思考ルートが出来上がったきっかけは

悲しいと感じやすいとき	嬉しいと感じやすいとき	怒りが起きやすいとき
• 例）誰かに責められた	• 例）誰かの役に立った	• 理不尽に怒られた

自分マニュアルに載せるパターンを増やしていく

何なのか、感じた思いを深く掘り下げていくことも、自分を知る手段の1つなのです。自分を知る、とは簡単なようで難しい作業だと思います。

私は何に不快感を感じやすく、私は何があると悲しい思いを抱きやすい、私はどんなことで喜びを感じて、何が心を満たすのか、自分を理解することで、落ち込んだときはどうするといいのか、嬉しいときはどうすると倍増するのか、その感情が長続きするのか。これがわかるとネガティブな気持ちと接することが怖くなくなるのです。

すべては私の一部。見ないふりでやり過ごすのではなく、まるで小さな子どもの相手をするように、優しく問いかけてみましょう。

今悲しいんだよね、気持ちはわかるよ。私はこういうことが悲しいんだよね。それってすごく大事なことだよね。

悲しい気持ちを感じることができる人は、誰かが悲しいときに寄り添うことができる人です。傷ついた経験がある人は誰かの傷を見つけることができる人です。

私たちは自分にも他者にも優しく寄り添うために、悲しい、や、傷ついた、の気持ちにより深い理解を必要とするのかもしれません。

悲しいときや傷ついたとき、これはチャンスのときです。私たちが未来に訪れる大切な誰かの悲しみに寄り添うためにも、この悲しみを深く理解して、目をそらさないことが重要です。

ペルソナの必要性

血液型で人を分類するわけではありませんが、私はAB型です。真偽は知りませんが、子どものころから、AB型はA型とB型を併せ持っているから、二重人格者だとからかわれ続けてきました。別に傷つきもしませんし、むしろ血液型の性質か私の性質かわかりませんが、確かに相手によって対応を変える部分が子どものころからありましたので、二重人格、その通りですね、くらいの気持ちでいました。

これも個性の1つだと思うのですが、人によって態度を変えない方もいるようです。そんな方からすると、私の性質は異質なものに見えるでしょう。「ペルソナ」とは「仮面」を意味する言葉です。誰かの前ではこの仮面、別の人の前ではこの仮面、と使い分けているとどれが本当かわからないと怪しまれるようですね。

中国に変面というものがあります。テレビで見たことがある方もいるでしょう。手で顔を隠した一瞬でお面が次々変わっていく技です。そのように、私たちもときに仮面を使い分けていくことが必要なときがあるのです。

役割、とも解釈できると思いますが、私たちはいろいろな立場を兼任しています。仕事をする自分、プライベートな自分など、立場はさまざまですし、その中の分類も細かいでしょう。実は無意識にこの立場を演じ分けていることがあります。

私の体験ですが、職場に、私と同い年の娘さんを持つ女性がいました。年上ではありますが、同じ職場で働く同僚として、私はときに娘のように可愛がってもらい、ときに同僚として相談しあう仲間でした。あるとき、私の勤務中の様子を見て、その女性がこう言いました。「うちの娘は清野さんと同い年だけど、清野さんのようにしっかりしていない、仕事場でもきちんと役割を果たしているのか心配になる」と。

私はそのときすでに自分が状況によってペルソナを使い分ける人間と理解していましたので笑いながら「それは職場での私しか知らないからそう思うんですよ。娘さんだって職場では職場の顔を使っているはずです。でも母娘の関係ではその外面は必要ないじゃないですか。私だって母の前ではだらしない娘ですよ」と応えたのを覚えています。

また、私の母が急用のため私の職場に電話をしてきたとき、ちょうど私が電話応対をしたのですが、「〇〇会社の清野がお受けいたします」と丁寧に応対したのを聞いてひどく驚いていました。それはそうですよね。両親の前ではいつまでたっても幼いころと変わらない娘なのですから、急に大人の立派な対応を聞かされたらそのギャップに驚いたことでしょう。

私たちはその役割ごとにペルソナを使い分けて生きています。親としてのペルソナ、子としてのペルソナ、社会人としてのペルソナ、友人としてのペルソナ。それは八方美人とか人によって態度を変えて嫌なやつとか言われることもありますが、私たちがその役目をこなしていくためには必要な仮面なのです。

さあ、今はどのペルソナを使いましょうか?

♡迷路の抜け道をつくる

私たちは日々生活する中で、いつでも大きな目標を追っている、というわけではありません。日常の小さなことでも、分類すれば私たちの目標なのです。例えば、家庭での役割を担っている方は、今日は保育園のお迎えを何時にするから、それまでにあれとこれをやって、保育園のお迎えの帰りにはスーパーによって…というのは毎日の小さなタスクかもしれませんが、立派な目標です。社会人の方は納期に向けての作業が目標になるでしょう。

毎日の小さな目標を追う中で、私たちはどうしてもトラブルやイレギュラーな事情に見舞われて、思い通りに行動できないときがあります。日々の何気ない1コマでも、スムーズにできなかったという事実は私たちの心に暗く影を落とします。ここでまた、できない自分を責めたり、誰かに八つ当たりして後から自己嫌悪に陥ったりして、私たちはどんどん鬱々の迷路に迷い込んでしまうのです。

鬱々の迷路は複雑で、道がいくつにも分岐していて、抜けたと思ったらクリアしたのは別の大きな迷路の一部だった、なんてこともあります。

私たちはいつも、無意識に完璧を求めていますので、この鬱々の迷路はとても厄介なもので、できれば避けたいところです。

鬱々の迷路には、攻略本がありません。迷い込む度に私たちはもやもやしながらも試行錯誤を繰り返します。この状態が長く続けば、心が疲弊するのは誰にでもわかることでしょう。

だからこそ、私たちはときに、迷路を破壊しかねないような抜け道をつくることが必要なのです。抜け道をつくるためには、もちろん、力技で壁を破壊し進むのも手段の1つです。ただ、私たちはいつでも気力と体力が十分なわけではありませんので、思考の部分から抜け道をつくることも重要でしょう。例えば、迷路の壁の上に登れば脱出可能かもしれません。他に迷っている人がいたら、その人の後ろをついていけばいいかも。呼びかけたら、誰かが上空から道筋を教えてくれるかも。私たちはこのように、正攻法でなくても迷路を出る方法を持っているのです。

鬱々とした気持ちだったとしても、完璧に晴れやかに青空が見える状態ではなく、何となく曇り空だけど昨日より少しマシかも、という状態があるのです。または長梅雨のように雨が降っているとしたら、梅雨明けを待つのも手段かもしれませんね。

鬱々の迷路は私たちの人生でいくつも立ちはだかるものです。もちろん気力も体力もあって、正攻法で完璧にクリアできるときもあるでしょう。ただ、そんな日は稀かもしれません。だからこそ、抜け道を考えたり、誰かの助けを借りたり、雨上がりを待ってみたり、曇り空の下を歩いてみたりすることも重要かもしれません。

今日の鬱々は、一生続くわけではないでしょう。いつ晴れるのかな、と晴れる日をわくわくしながら立ち止まってみるのもいいかもしれませんよね。

自己否定を手放す

私たちは自己否定の天才です。自分を受け入れるのは苦手なのに、才能なのかと思うほど上手に自分を否定します。

なぜこんなことをしてしまうのでしょう？　自己否定は基本的に、自己評価が低いので起こると言えるでしょう。自分で自分に対する評価が著しく低いと、皆ができていることが上手くできない自分を責めやすいですからね。また、子どもの頃の経験が気づかぬトラウマになっている場合もあります。

例えば、小学校で授業中に張り切って発言したところ、その回答が間違っていた場合、クラスの皆はくすくすと笑うかもしれません。子どものすることですからね。そうするとクラスメイトに笑われたという事実は私たちの心に楔のように突き刺さり、自分は皆に笑われる存在であるという自己認識に繋がるでしょう。

また、昨今の情報化社会では、ＳＮＳなどで批判や否定がすぐに目につきますので、そこから自己否定が始まる場合もあります。

人間は本来、より多くの人に認められたいという欲求を持っていますので、例えば自分の発言に関して批判がつけば他者から否定される自分に価値はない、と思いがちです。今は特に批判や否定はあっという間に広がり、便乗して多くの方が共鳴する事態になる場合もあります。このような事態を記憶している私たちは、自分にも否定や批判の嵐が襲いかかってくるかもと想像することで、身動きがとれなくなり、行動できなくなる。

そうすると自信がつかなくなり、自己否定の波に飲み込まれていく、ということになるのです。

私もセミナーを開催すると、参加した方にアンケートを書いていただくのですが、日本人の皆さんは気を遣って当たり障りのない「参考になりました」という意見をくださいます。ですが、中にはありがたいことに、「もっと違う内容がよかった」とか「もっとこんな話が聞きたかったのにがっかりした」など批判をくださる方がいます。さあ、皆さんが私の立場だとしたら、傷つきますか？

私は研修やセミナーでは自分が今できる最高のパフォーマンスをする、と決めていますが、それでも万人が涙するような内容にはならないと知っています。また意欲的に受けた方でも、社長に行って来いと命令された方でも、私の話を聞いてどう感じるかは、私に決定権があるものではありません。ですから誰がどう考えても、私という人間を否定することにはなりません。せいぜい、ああなたはそういう風に思ったのね、くらいです。

私たちは他者の評価に左右されて自分の価値を自分で否定しがちです。他者が評価する私は私の一部を見たその人の感想。私といつも一緒いるのは私です。数時間のお付き合いだった他者に何がわかりますか？　そのくらいの気持ちがあってもいいのです。

私が私を否定しない、これが私を受け入れる第1歩。昨日も今日も精一杯やったのに、それでもあなたは自分を否定しますか？

心に絆創膏を貼る

私たちの心は、目に見えず、手に取ることができません。この先、技術が発達しても可視化することは難しいでしょう。私たちは目に見えないものを大事にすることができません。

心はどんな形かわからず、どこに存在しているかもわからない。でも確実に私たちの中にあるのです。体の中の内臓も普段は見えませんよね。ですが、胃とか肺とか心臓とか、不調があればそこが痛みを訴えて私たちに知らせてくれます。ケアしたほうがいいよ、と。ただし、心は我慢強いのでなかなか痛みを訴えませんし、内臓と違ってここにある、と可視化できるものでもありませんので体に痛みが出てこないのです。

このようなこともあり、私たちの心は傷ついてもそのまま放置されることがあります。

私は心を丸い球体のようなものだと思っています。仮に生まれたときは全員同じ、水晶玉のようなきれいな球体だとします。成長するにつれて、その球体は誰かの言葉の刃によって傷つきヒビが入ったり、汚れたり、輝きを失ったりします。

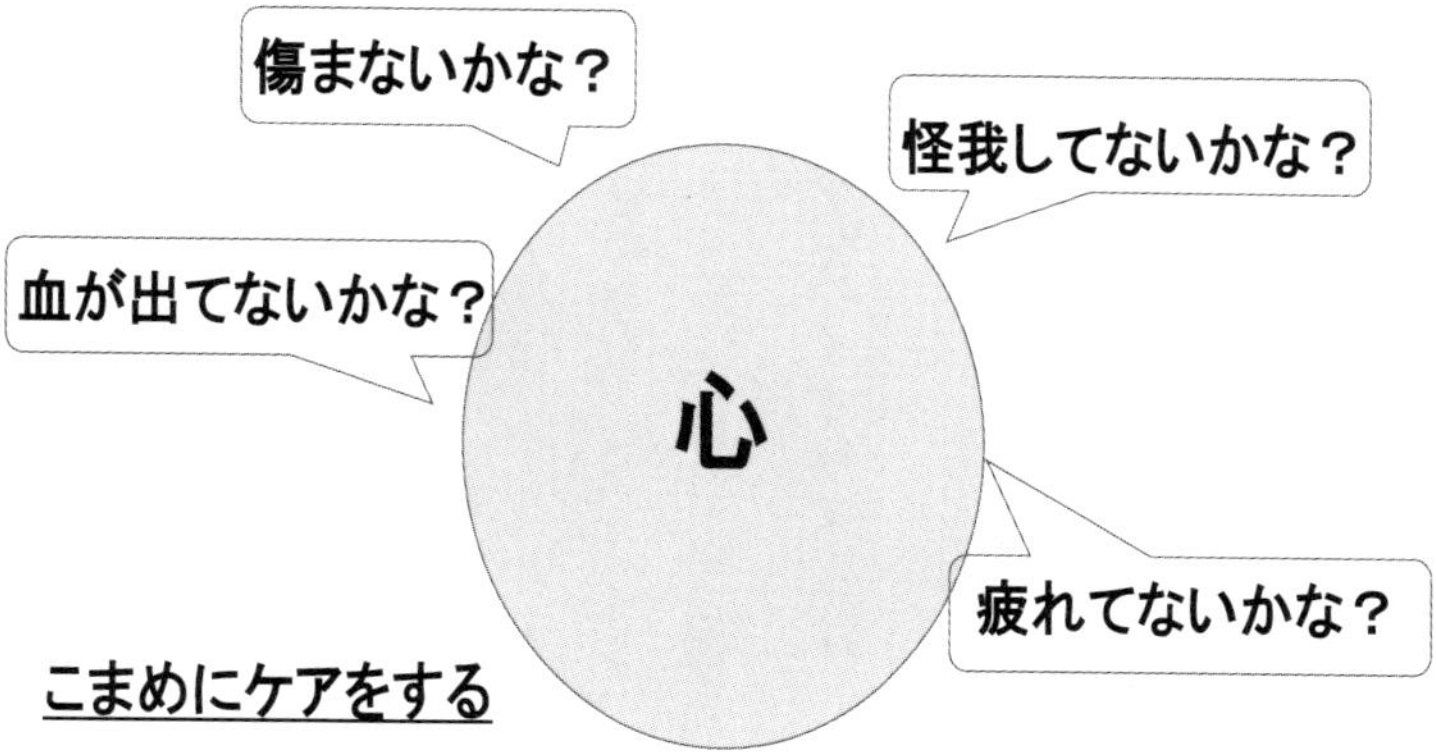
傷まないかな？
怪我してないかな？
血が出てないかな？
心
疲れてないかな？
こまめにケアをする

　ですが、純粋にきれいな生まれたてと同じ状態の水晶のような心よりも、傷つき汚れている心のほうが、人生という景色を美しく映すと思うのです。それは私たちが誰かを気遣う心や、あるときは他者を優先する思いやりの心を持っているからに他ならず、その感情は私たちが傷つき悩んだからこそ身についたものだからです。

　しかし、あまりに自分の心に無頓着でも困るのです。私たちの水晶玉が傷つきひび割れてしまいそうなのに放置したり、割れた傷口から血が出ているのに更に鞭打ち酷使してしまうことがあるからです。もしも体だったとしたら、擦り傷だらけで、大きな傷口から血がでているのに、もっと働け、もっと動け、なんて言いますか？

　私たちは心が見えないのをいいことに、傷の手当もしないでどんどん酷使してしまうのです。こんな酷いことってないでしょう。

私たちの心も体も私たちをつくる一部です。腰が痛ければ、整形外科に行くのか整体に行くのか整骨院に行くのか、ケアをしますよね。自宅で湿布を貼る人もいるでしょう。体のケアをするのと同じように、私たちは心のケアもこまめにしていかなければいけないのです。

傷ついた心には絆創膏を貼りましょう。血が出ないように、これ以上傷口が広がらないように。前に向かって進むこともちろん重要でいつもポジティブなことは大事ですが、ときに心をイメージして、私の心の傷は今は大丈夫？　傷まない？　と問いかけましょう。

絆創膏だらけの心の傷は、実は完治してなくなることがないのですが、それでもときが経てば痛みは癒えて私たちの力になるのです。

そのときがくるまでは、こまめに絆創膏を変えてケアしていきましょう。

私たちのバイオリズムは一定ではない

バイオリズムという言葉を聞いたことがある方もいるでしょう。バイオリズムとは、特定の周期で変動する私たちの生理的な状態のことを言います。主に感情的リズムと知的リズム、そして身体的リズムだといわれています。

これらは一定周期で変動します。個人差はあるでしょうか、感情的リズムは28日、知的リズムは33日、身体的リズムは23日周期といわれています。波形のグラフを見たことがある方もいるでしょう。

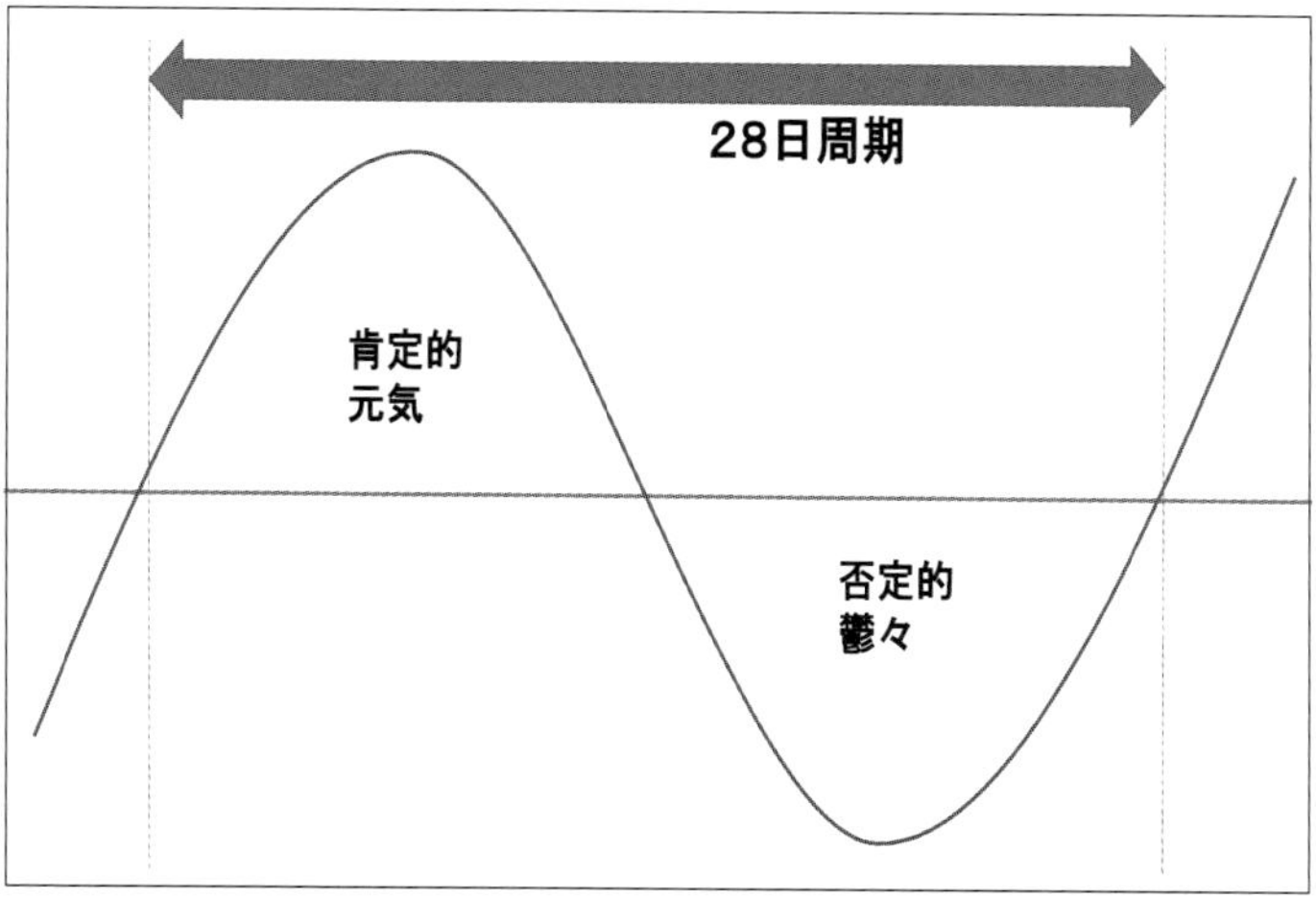

私たちはいつも一定のポジティブを持ち続けたいと願っていますが、バイオリズムを見るとそれは叶わないとわかるでしょう。

本書を読んで自分を受け入れてバランスよく考えて、と意識してもバイオリズムは存在するのです。私もそうであるように、皆さんもこの先一生鬱々とした気分とさよならできるわけではありません。

ただ、本書を読んで、「そういうことか」と自分という個体の特性やあり方に気づくことができるだけなのです。

バイオリズムの波形を見たことがある方は知っているでしょうが、バイオリズムは０地点から次の０地点までをプラス方向に弧を描くように動いていて、また次の０地点までのプラス方向に弧を描いていて、というものではありません。０地点をベースにプラスとマイナス両方向に弧を描いて順番に動いているのです。

つまり28日かけて0地点からプラス方向の波形とマイナス方向の波形を描きながら0地点を何度か通過する形で動いている、ということですね。

何となく鬱々と考え込んでしまうのは、私たちの感情的バイオリズムのマイナス方向の頂点の状態なのかもしれません。

そうすると、鬱々と考え込んでしまうのは自分ではどうしようもないのでは？　と不安になる方も多いでしょう。ですが、よく波形を見てください。マイナス方向の波形は必ずプラス方向へと動いていますよね。また、プラス方向の波形はマイナス方向へ向かっていますがその後は必ずプラス方向へ戻ります。

必ずプラス方向へ戻るのです。マイナス方向に波形を描いているときは、もしかしたらこのまま戻らないんじゃないか、と不安に押しつぶされるときもあるでしょう。そのたびにバイオリズムの波形を思い出してください。私たちの感情的リズムは一定ではありません。ですが、必ずプラス方向の波形に繋がるのです。

マイナス方向の波形のときは、歩みをゆっくりにしてみたり、時にお休みしてみたり、そのときにどう過ごしたら少しでも穏やかにいれるのか、を研究していくのもいいでしょう。これも自分マニュアルの一部です。

さあ、次のマイナスの波形時は、どうやってプラス方向への移動を待ちますか？

第6章　自分らしく輝く未来を創造する習慣法

笑顔が幸福をつくるか、幸福が笑顔をつくるか

卵が先か鶏が先か、という話は有名です。鶏は卵から生まれますが、卵は鶏から生まれます。どちらが先かと考え出すと混乱してしまいますよね。

同じように、私たちは幸せを感じるから笑顔になるのでしょうか？　それとも笑顔でいるから幸せになるのでしょうか？　皆さんはどちらだと思いますか？

今までの人生の中で一番幸せだったことを思い出してください。それはどんなときですか？　私たちはその幸せの瞬間、心から笑顔になったことでしょう。これ以上ない幸福感が心を満たして、このときばかりは他者の評価も自己否定の心も邪魔する隙がなかったはずです。幸せを感じなかったら笑顔にならなかったかもしれません。

ところが、サービスパーソンはいつも笑顔です。これは業務上のつくり笑いかもしれません。しかし笑顔でいるからお客様にも心地よいコミュニケーションが伝わり感謝やお客様の笑顔など、幸せになる要素が訪れることもあるでしょう。この場合は、笑顔でいると幸せになるが正解と言えそうですね。

私たちの体と心は密接に繋がっています。ああ、何か嫌な予感がする、と思うことはありませんか？　そしてその予感が当たって何かが起こることがあるでしょう。私もよくありますが、これだけ準備しても、明日のセミナー会場に到着したあと、忘れ物に気づくとかやりそうだなあ、と思い

ながら寝て、翌日起きて支度をして家を出ると、運転中にやっぱり忘れた、と思うのです。

前日の予感が当日見事に当たりましたね。ですがこれ、昨日思ったことが実現するように、体が動いた、とする説もあるのです。例えば、嫌だなあと思っているから、参加したセミナーで嫌な思いをしたとか、学びになることが何もなかったとか。

暗示とも呼べるかもしれませんが、私はこれをあながち嘘ではないと思っているのです。病は気からなんて言いますが、気持ち次第で結果が変わるときがあるのではないでしょうか？　暗示になるかわかりませんが、私は企業のセミナーに呼ばれたとき、最初に「社長に言われてイヤイヤ参加している方もいるでしょうが、皆さん自分で決めてここに来たんですよ。本当に嫌なら逃げ出せばいいんですから。自分で決めて来たならせめて何か学ばないと、自分の人生に対して失礼でしょう」と発破をかけることがあります。そうすると研修に来た、という前向きな体に合わせて心が何かを学ぼうとすることがあるのです。

同じように笑顔でいるから体が心に信号を送り、今笑顔だから幸せに違いない、私は何が幸せなんだろう、と心の状態と体の状態を一致させようと幸せ探しがうまくなることがあるのです。笑顔だから幸せになる、とはこの状態を言うのでしょう。

もちろんどちらかだけを実践すればいいわけではないので、ここでもバランス重視で、気持ちが沈んだときは無理しない程度に笑顔をつくってみたり、心が弾むときはその幸せが倍増するように笑顔を全開にする、など工夫してみてくださいね。

♡ 私たちは誰にもなれない

私が会社員時代、会社を退職する先輩がいました。まだ戦力にもなっていなかった私に、他の社員が「○○さんの代わりになれるよう頑張らないとだね」と声をかけてくれたことがあります。若かりしころの私はその言葉が捉えようによっては呪いになるとは知らず、元気に返事をしたものです。

人は誰かと全く同じにはなれません。私も結果、退職する先輩のクローンのようになろうと頑張ってしまいました。○○さんならこのくらいできた、○○さんならこのミスは防げた、○○さんならもっとお客様から信頼をもらえた…なのに自分はなんで無能な人間なんだろう、と落ち込みましたし、心ない先輩からは、「やっぱり○○さんいないとだめだね」と直接言われました。その言葉が呪いのように私を縛り付けたのです。私は○○さんじゃないから存在意義がないんだ、○○さんほど仕事もできるようにならないし、だめなんだ、と落ち込みました。

この呪縛が解けたのは、ずっと後のことです。私がある会社を辞めることになったとき、私の後を引き継いだ後輩が、「清野さんみたいに完璧にできません」と泣き出したのです。どうやら他の社員に「清野さんが辞めたあと、どうするの？　清野さんみたいにできないでしょう」と言われたようでした。私は「クローン人間じゃあるまいし、私とそっくり同じになんてできなくて当然でしょう。経験したことも生きてきた環境も違うのに、どうして同じになろうとしたの？　私が大事だと思ったことは、あなたに引き継いだから、あなたは私になるんじゃなくて、私の経験を引き継いだ

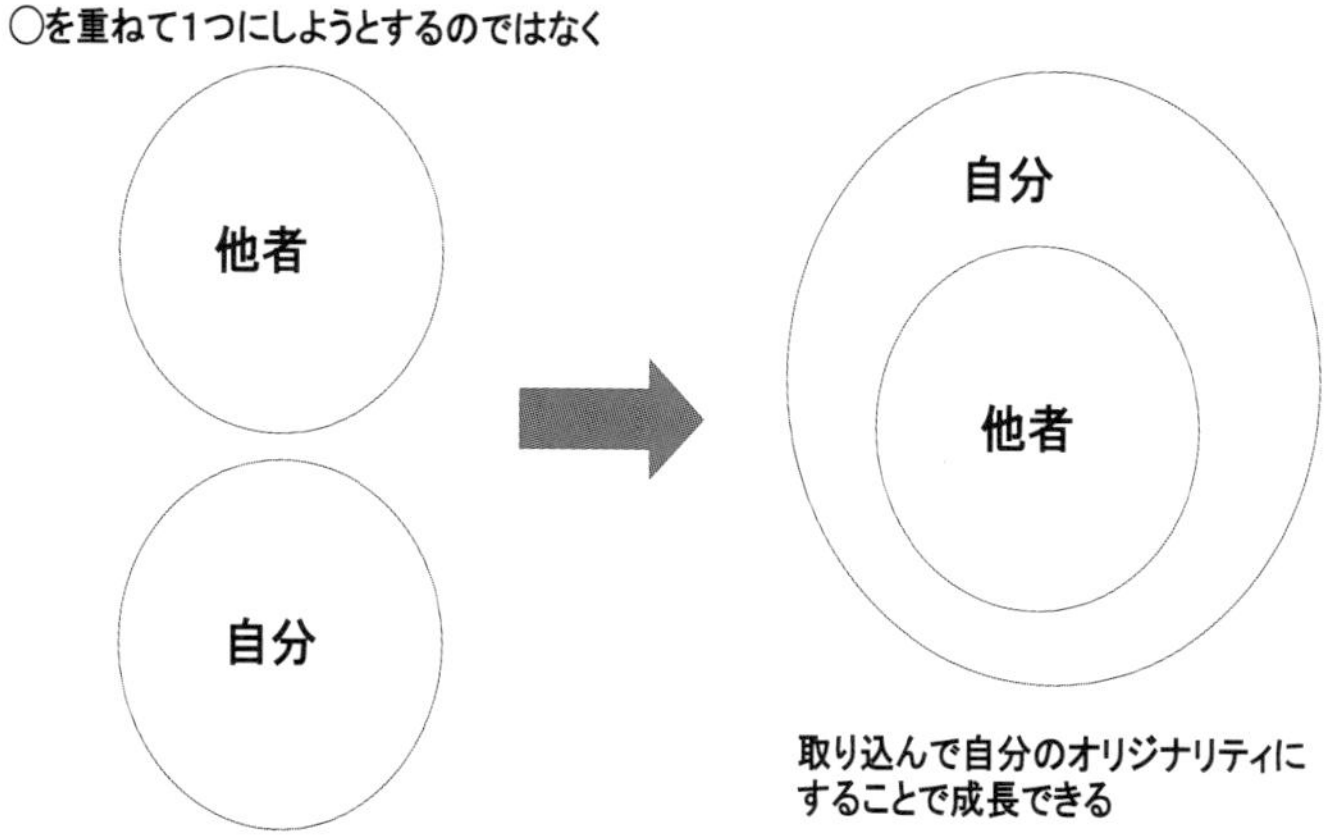
○を重ねて1つにしようとするのではなく
他者
自分
自分
他者
取り込んで自分のオリジナリティにすることで成長できる

あなたになるんだよ。私の経験を引き継いだあとであなたらしくやっていくだけ。だって誰も私の代わりはできないし、誰もあなたの代わりはできないんだから」そう後輩を励ましたときに、あれ？　私も同じ呪いにかかってるな、と気づいたのです。

先輩とそっくり同じ行動ができない私は無能で役立たずだと思っていました。そうではなくて、先輩の仕事ぶりを観察して知識として吸収した私になればよかったのに。過去の私の呪いを解いたのは未来の私自身でした。

それほど人間は自分のことが見えていないのでしょうね。自分で後輩を励ましていてびっくりしたのを覚えています。それ以降、会社を退職するときには、送別会で「私は退職しますが、後を引き継ぐ後輩は私ではありません。

私は自分のクローンをつくっていくのではなく、私の意志を引き継いだ彼らを育てたのです。決して私のクローンとして扱うのではなく、私の経験を身に着けた彼らとして見守ってください」と伝えるようにしています。

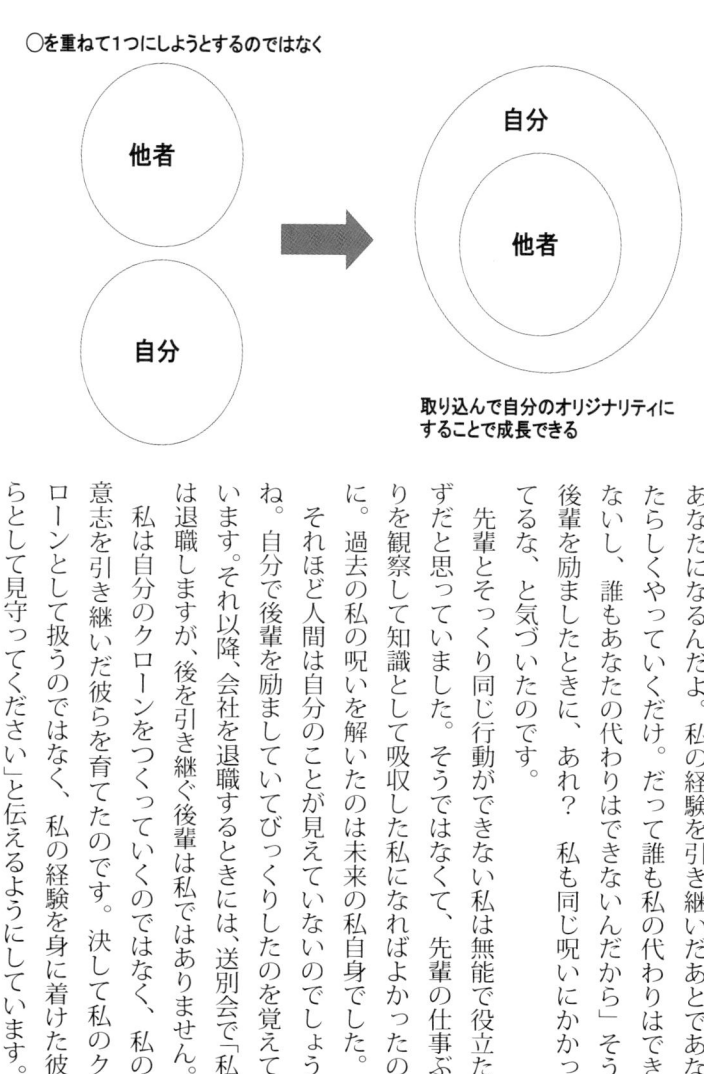

人は誰かの代わりになろうと頑張ってしまうときがありますが、全く同じなんてなれるわけがないのです。だから、あなたも誰かの意志を引き継いだあなたのオリジナリティで生きていっていいのですよ。それがあなたの自分マニュアルに載せる能力ですから。

受け入れる、の習慣化

ありのままを受け入れる、というのはわかっているのになかなかできないことの1つです。ポジティブな面だけであれば今すぐ受け入れ可能なのですが、弱い部分やネガティブなどちょっと見ないふりしておきたい部分に関しては、受け入れるのが至難の業です。

何でもかんでも気軽に受け入れられたら苦労はしないのですが、失敗したときや自己嫌悪に陥っている自分に気軽にＯＫは出せないのです。

こんなときはまず受け入れられない事実を書き出してみましょう。紙に書くのが一番いいのですが、スマホのメモ機能でも大丈夫です。頭の中で考えるだけではなく、可視化して目からも情報が入るようにしてください。

例えば、仕事で失敗したとしましょう。この事実を書きます。どういう失敗だったのかを詳しく書いてください。例えば、自分のチェックミスでお客様にお渡しする商品が1つだけ間に合わず納品できなかったとします。この場合は、自分のチェックミスでお客様に商品をお渡しできなかったと書くのです。

	自分の状況と思い	親しい誰かがそう言っていたらどう声をかける？
事実	例）自分のミスで納品できなかった	例）そういうこともあるよ 例）疲れてたのかも
そのときの気持ち	例）チェックすればよかった 例）先輩も見てくれればいいのに	例）自分を責めないで 例）最善を尽くしたよ 例）わかる！
心の叫び	例）私だって頑張ってる 例）私のせいじゃない 例）私だけ損してる	例）頑張ってるよ 例）その通り 例）いいことあるよ

ここを自分にも言ってあげる

次にそのときの自分の気持ちを書きましょう。この場合は、「私さえきちんとチェックしていればこんなことにならなかったのに」とか「でも他の先輩も気づいてくれたっていいのに」とか愚痴でも責任転嫁でもいいので(どうせ誰も見ませんから)、自分の今の気持ちや考えを全部書き出してください。

一番最後には、「私だって頑張ってるのに！」とか「私のせいじゃない！」とか「私ばっかり損してる！」という心の叫びを書きましょう。

では次は、もしもこの失敗をしたのが親しい誰かだったらどうする？　と考えましょう。例えば親友がこのような失敗をして落ち込んでいたら、私だったらなんて言ってあげるかな、と考えてそれをまた書いてください。

この場合なら、チェックミスでお客様に納品できなかったという事実に対しては、「たまにはそういう失敗もあるよね」とか「忙しくてついミスしてしまったのかな」とか出てくる言葉を全部書きましょう。自分さえチェックしていれば、の気持ちのところでは、「あんまり自分を責めないで」とか先輩も見てくればいいのにのところは、「そうだよね、わかる！」とか。他にもあればそれも書いてください。

最後の部分です。「私だって頑張ってるのに！」に対しては、必ず、「そうだよ！　頑張ってるよ！」を書きます。「私のせいじゃない！」に対しては「その通り！」と合いの手を入れましょう。「私ばっかり損してる！」に対しては「大丈夫、きっといいことあるよ！」を書きます。

これを自分に伝えてあげましょう。大事なのはミスした過去を鬱々と悔み嘆くことではなく、次回同じミスをしないように対策することと、そのためにも悔やむ心を責めすぎないこと。受け入れの習慣化ができるようになると心が少し楽に生きれるようになります。

コミュニケーション上手になりすぎない

私の相談者さんにも、人とコミュニケーションを取るのが苦手で…という方がいます。人と話すと気を遣ってしまって、何を話せばいいかわからないし、気の利いたことも言えないし。と悩んでいるようです。でも、私と上手にお話してますよ、と言うと、清野さんは別だから、とか先生は話しやすいから、とかいろいろ言い訳のような条件が出てきます。コミュニケーションは確かに重要ですし、上手にコミュニケーションを取ることが円滑な人間関係にもつながりますね。かといって、上手になりすぎるのも困るのかな、と思います。

皆さんが思い浮かべるコミュニケーション上手とは、どんな状態ですか？　誰とでも打ち解けて、すぐに仲よくなって、気の利いた面白いこともたくさん言うから周りの人が皆笑ってる。いつも人が絶えなくて誰かしらと一緒にいる。こんな人を思い浮かべますか？　さて、これは本当によいことなのでしょうか？

誰とでも打ち解けて仲よくなるのはとてもよいことですよね。ですが、打ち解けすぎて仲よくなりすぎて、相手の望むように行動してしまっているのではないでしょうか？　本当は今日は１人で過ごしていたいけど、皆がバーベキューに行くなら行かないと…。本当は仕事が溜まっているけど、皆の雑談の輪に入らないと空気が悪くなるかも…。本当は違う意見なのだけど、皆によく思われたいから合わせておかなきゃ…。こんな状態になってまで、誰とでも打ち解けて仲よくなる、を実践したいでしょうか？

気の利いたことを言えていつも皆が笑っているのは、羨ましい能力ですね。でもいつも気の利いたことを言わなければいけない、というプレッシャーがあると思いませんか？　気の利いたことを言える人、という認識が広まってしまうと、他者は無意識にその期待を寄せてしまうでしょう。その期待に応えようといつも身構えてしまっては、会話に集中できないのではないでしょうか？

私たちは芸人さんではありませんので、いつも爆笑するようなネタを持ち合わせていませんし、それを探すために時間を割くのも大変です。

いつも人が絶えなくて誰かと一緒にいるなんて、コミュニケーション上手と思えるかもしれませんね。ですが、ずっと誰かと一緒にいるのが、平気な人もいるでしょうが、たまには１人でゆっくりしたい人もいますね。私は自分で考える時間や集中する時間がないと仕事を進められない人なので、家族であっても四六時中そばにいられては困ります。私個人の話で言えば、むしろ人といる時間のほうが圧倒的に短いです。ですが、私は自分のことをコミュニケーションが上手いとも下手とも思いません。コミュニケーション取ったほうがいいかな、と思えば話しますし、ここは皆さん盛り上がってるから聞いているだけでいいか、と思えば黙っています。ここもバランスが大事です。自分で無理しすぎないように、今どうしたいか、で動いていきましょう。

減点法より加点法

私たちが自分を評価するとき、無意識によく用いているのが減点法です。これは100点から点数を引いていく方法なのですが、これだと心が疲弊しやすいと私は感じています。

まず100点あったところから、今日は寝坊したからマイナス5点、仕事でミスをして上司に怒られたからマイナス10点、子どもが言うことを聞かなくてつい怒鳴ってしまったからマイナス10点、やり残した家事があったのに疲れて寝てしまったからマイナス15点。これだと今日を終えるときに100点だったものが60点しか残っていない、ということになります。

しかも減点法だとマイナスな部分を探すのばかりが上手くなってしまい、今あるものに感謝するとか持っているものに目を向けるとか、プラスの作用が働きにくくなります。100点だったものが60点になって1日が終わるときの気分を考えるとよくわかるでしょう。

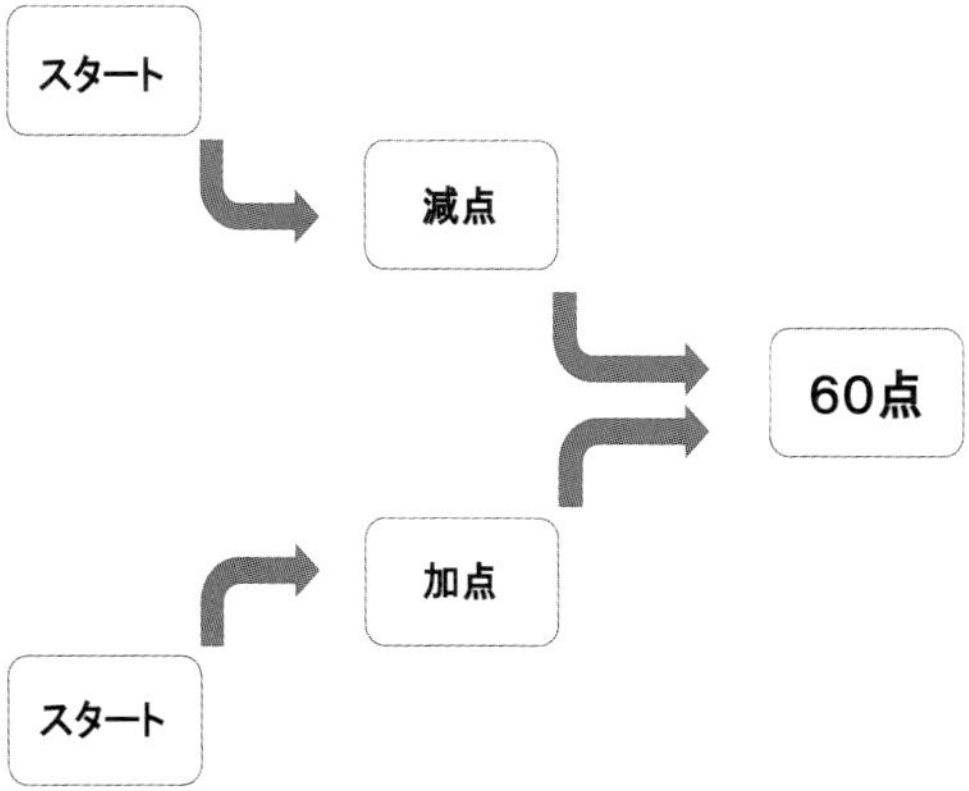

一方で加点法はスタートが０点になります。朝起きて１日の始まりが０点からスタート。今日も起きて会社に行ったから10点。午前中も自分の仕事を精一杯やったから10点。午後は同僚が困っていた案件を助けたから15点。その上残業なしで自分のタスクも終わったから10点。帰りに美味しそうなケーキを買えたから５点。家に帰って洗濯してご飯をつくったから15点。これで１日の終わりに60点獲得しました。

減点法も加点法も翌日にはリセットされてまた最初からになりますので、日によって点数は違うと思いますが、１日の終わりに60点しか残らない人と１日の終わりに60点獲得した人では幸福感が違うと思いませんか？

幸福感は翌日のモチベーションにも繋がりますし、長期的な理想を目指す原動力にもなります、何より心の安定や平穏が私たちの体にもよい影響を与えてくれるでしょう。

私たちは日々、油断してしまうと減点法を用いてしまいます。今日はこのタスクを終わらせるつもりだったのに、終わらなかった。また1日何もできなかった、と減点法で嘆き悔やむのです。これに気づいて加点法に変えていけるのかが私たちの心の安定を生み出す第1歩でしょう。

0スタートで見たときに、今日はどんなことができて、何が私たちの手元にありますか？ないものを欲しがって完璧にできない自分に×をつけるのは簡単です。ですが、今あるものが私たちの武器であり大事な資産。感謝して存分に使い、さらに向上していくためにも、明日は加点法で何点獲得できるか、またチャレンジしてみませんか？

加点法で考えた場合、できなかったことや失敗したことに関しては、いい経験を積んだ、という15点の獲得になりますのでお忘れなく。

♥誰でもない、私の幸福で書き換える

幸福はどうやって決まっているのでしょう？　幸福だと決めているのは私たち自身です。それが幸せであるかどうかを、自分の脳と心で判断しています。ところが、ここに誰かの常識や正義が入り込んでくるとやっかいな現象が起こります。

他者から見て、できていると思われているから幸福である、とか他者が認めてくれたから幸福である、など誰かの評価や誰かの常識に依存した幸福を追い求めてしまうからです、これでは私たちの幸福が心を苦しめてしまいます。

私たちにとって、何が幸福であるかは、私たち自身が判断して決めるのですが、その基準に誰か

の常識や意見で縛りをつくってはいけないのです。

例えば、「ゴールデンウィークに休めないなんてかわいそう」と私はよく言われます。長い方だと年によって10連休されたりしてますよね。私は毎年だいたい飛び石で２～３日お休みします。連休ではない時点で「かわいそう」と言われます。また、仕事相手の都合やセミナーの関係でだいたい土日祝日は仕事です。そうすると、週末お会いする方に「土日お休みじゃないんですか、それはお気の毒ですね」と言われます。

このとき、私にはないこの基準に私の幸福を合わせてしまうと、私が私を不幸だと判断することになりますよね。私を気の毒に思う方が間違っているわけではないのです。その方たちは連休を取ってゆっくり休むことが幸福だったり、土日祝日にしっかりお休みすることが幸福だと思っているので、それはそれでいいのです。そこで喧嘩腰になる必要もないので、私も「お気の毒ですね」と言われれば「そうですね」とお返事します。ただ、私の基準ではないので、そこに引っ張られたりその基準を自分の幸福の物差しに持って来ると苦しくなる、というだけです。

私は本来とても怠け者なので、10連休すると二度と仕事をしない自信があります。戻って来れない自信があるので連休という事実に抵抗を感じるだけです。２連休くらいだったら何とかできそうと思います。どちらがいいか悪いかではなく、私はこの基準で生きているだけです。

また土日祝日のお休みは道路も施設も混み合っていて人に酔ってしまうので苦手です。広いスペースでゆっくり過ごしたいですし、渋滞なく運転したいので土日祝日のお休みは苦手です。ただ、土日祝日に絶対に休まないわけでもありません。

私の幸福はこのように成り立ちます。平日半日空いて、渋滞のない道路を運転して、どの施設もゆっくりと落ち着いて利用できると心が安定します。もちろん土日にしかないイベントに行きたければ行きます。混み合った場所でもそれは幸福です。

このように誰かの基準で私の幸福を追い求めるのではなく、自分の基準を用いて自分の幸福を追求し感じていくことで心が穏やかに、満ち足りてくることでしょう。一般的に幸福と言われる状態を目指すのではなく、自分の幸福の基準を決めてから自分の幸福で人生を満ち足りたものにしていく、これが本来の姿です。そこに関して「かわいそう」「お気の毒」という方がいたらにっこり微笑んで心の中で「それはあなたの基準に照らし合わせているからでしょう」と反論しておきましょう。私たちの心を満たすのは私たちが自分で決めた幸福の基準です。

♥ 配られたカードで戦う

「清野さんが羨ましいです」と言われることがあります。「そうですか？　ありがとうございます」とお答えしておきますが、隣の芝生を見続けても自分の家に芝生は生えません。

厳しい言い方ですが、もしも本当に私が羨ましくて、どうにか私と同じ能力を手にしたいと思ってくださるなら、何か行動したらよいと思います。

私の相談者さんもよく、「私には何もないのに、他の人にはいろんなよいところがあって、だから人生が輝いていそうで、羨ましいなと思います」とおっしゃいます。このような言葉を聞くたびに、ああ、持ってないものが欲しいのだろうな、と考えます。

私たちはそれぞれ長所や短所がありますので、誰かが持っているものを自分が持っていないこともあるでしょう。私を例に出せば、細かい作業をする力はありませんね。あと英語が苦手で抵抗を感じるので、海外の方を見ると身構えます。前にも申し上げているように、料理も得意ではないです。運動も苦手ですね。このように持っていないものがたくさんありますが、この中で皆さんが持っているものがあるのではないでしょうか？

例えば、「スポーツ選手並ではなくても体を動かすのは好き」とか「料理やお菓子づくりは苦にならない」とか「洋画は字幕なしで見れる」とか「細かい作業を1日ずっと無言でやっていられる」とか。プロ並みではなくてもどちらかと言えば持ってる能力だな、と皆さんが思ったのなら、私は皆さんが羨ましいです。

人間は自分が持っていないものを持っている人を見ると羨ましいと思う生き物です。子どものころに、皆の家にゲームがあるからという理由で欲しいと願った人もいるでしょう。これも自分が持っていなくて相手が持っているゲームがとてもいい宝物に見えたのでしょう。だから羨ましくて欲しくなるのです。

誰かを妬む羨むなんて、あまりいい感情じゃないと思っている方がいるかもしれませんね。でも妬む羨むは自分を成長させる大事な要素です、誰かが持っているものが欲しいと思うから、それを

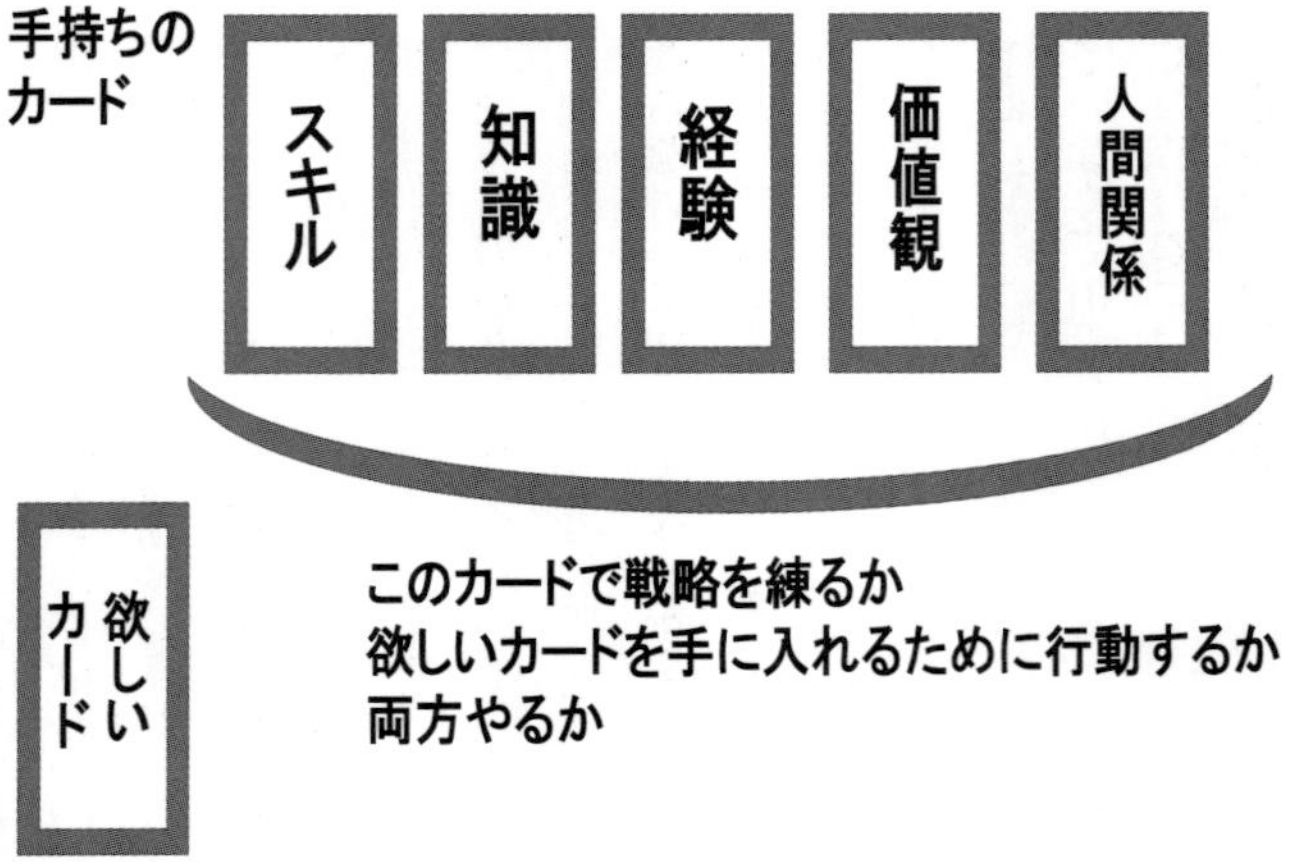
手持ちのカード
スキル
知識
経験
価値観
人間関係
欲しいカード
このカードで戦略を練るか
欲しいカードを手に入れるために行動するか
両方やるか

理想に頑張れるという意味では必要な感情なのです。

ですが「大事なのは自分が何を持っているのか」です。私たちは明日急に能力が高くなるわけではないので、しばらくは今ある能力でやっていくしかないのです。学んだり実践したりすると能力が増えると思いますがそれは明日の話ではないからです。今は手持ちの能力しかないのです。これでどうやって戦うか。

それが私たちの生き方です。ないものを願ってもありません。降ってくることもないでしょう。本当に欲しければ取りに行けばいいですし、行動しないのなら手持ちのカードでどう戦うか、戦略を練るしかありません。隣の芝生を欲するなら芝生がどうやったら手に入るか調べることが第1歩。願うだけではお星さまは叶えてくれません。能力を高めるまでは私たちには現状しかない。ではあなたは手持ちのカードをどのように使っていきますか？　同時進行で手持ちのカードを増やすためにどのような行動をしますか？

私たちの幸せをつくるもの

私たちの幸せは何か1つの要素でつくられているものではありません。お金は大切ですが、お金だけあればいいわけではなく、充実した人間関係や自己受容、理想に向かう向上心などさまざまなものが組み合わさって幸せになるのです。

もちろん、人によって重視する部分は違いますし、項目が多少違うこともあるでしょう。大事なのは他者の幸せの項目はそれでよし、と認めること。そして自分の幸せの項目は自分で決めることです。さらにこの幸せの項目は、どんどん変化していいものです。私の幸せの項目はこれとこれとこれ、と決めたからと言って、今後絶対にそれを忠実に守らなければいけない、というものでもありません。

今の幸せをつくる項目は何でしょう？　例えば、ゆったり過ごす休日・仕事終わりに食べるスイーツ・誰かと行く約束をしたイベントなど、幸せをつくる項目は多ければ多いほどいいのです。小さなことでも構いませんので、私は何があったら幸せか、を今の気持ちで書き出してみましょう。

例えば、今度のイベントが幸せの項目だった方はイベントが終わるとその項目は消えますね。それでいいのです。では代わりに何か増えますか？　来年のイベントでもいいでしょうし、他の何かでもいいでしょう。項目はできるだけ減らないほうがいいですね。増えるのはＯＫです。

私たちの幸せを構成する項目をどんどん増やすとそれだけ幸せが多くなります。幸せが多くなる

幸せの項目

例）休日ゆっくり過ごす
例）友達とイベントに行く
例）美味しいスイーツを食べる
例）連休の旅行

と心がいつでも安定したよい状態になるでしょう。心が安定することにより私たちは伸び伸びとしたパフォーマンスを発揮することになり、それがまた私たちに幸せを与えるというプラスのサイクルに突入します。

またこれは小さな幸せを見つける練習にもなります。私たちはどんな幸せであれ、続くと慣れてしまうものです。子どものころはケーキを食べられるのは誰かの誕生日かクリスマスか、年に数えるほどだったのに、今はお友達とカフェに行くとケーキセットを頼んでいる。

そうすると子どものころに大きな幸せの対象だったケーキという存在は通常手に入る幸せに変化して、これが恒常化してしまうと慣れという変哲のないものに変わってしまいます。それが悪いわけではないのです。慣れになった日常にも幸せを感じることができるでしょうし、他に興味のある分野が広がったとも考えられます。ケーキが大きな幸せの基準から小さな幸せになったように、慣れという変化を遂げた幸せがあるのではないでしょうか？　もう一度それを見つめ直してみてください。

テーマパークに行くことは人生の一大イベントだった子ども時代。今は自分で稼いで休日に行くことができる。これも大きな幸せの変化ですね。

当たり前になってしまったことこそ、私たちの小さな幸せの項目です。さあ思いつく限りの幸せを見つけて、いつでも心が安定する、そしてわくわくする状態をつくってみませんか？

誰が見ていても、誰が見ていなくても

マナー講習で習ったことがあります。自分の部屋に1人でいるときに、誰かに見られているかのように優雅にお茶を飲めるのか、を追求してください、と。私たちは誰も見ていないと思うとつい油断をして雑に行動してしまうことがあります。

ただ、その癖は外できちんと振る舞いたいときに限って顔を出すものです。普段からの気をつけ方が物を言いますよ、という内容だったと記憶しています。確かに、自宅や自分の部屋というのは誰の目もない密閉空間。少しくらいだらけても、と気を抜きがちですよね。道のゴミを拾った子どもが、先生に褒められたとき、この子どもは先生が見ていればゴミを拾うようになりますが、誰も見ていなければ、見過ごすという行動に出ます。これはゴミを拾うイコール褒められるという一種の刷り込みによる行動でしょう。私たちにもあるでしょう。誰かが見ているからやっているけど、誰も見ていなかったらやらなかった経験が。これは誰かという他者の視線を意識した行動と言えま

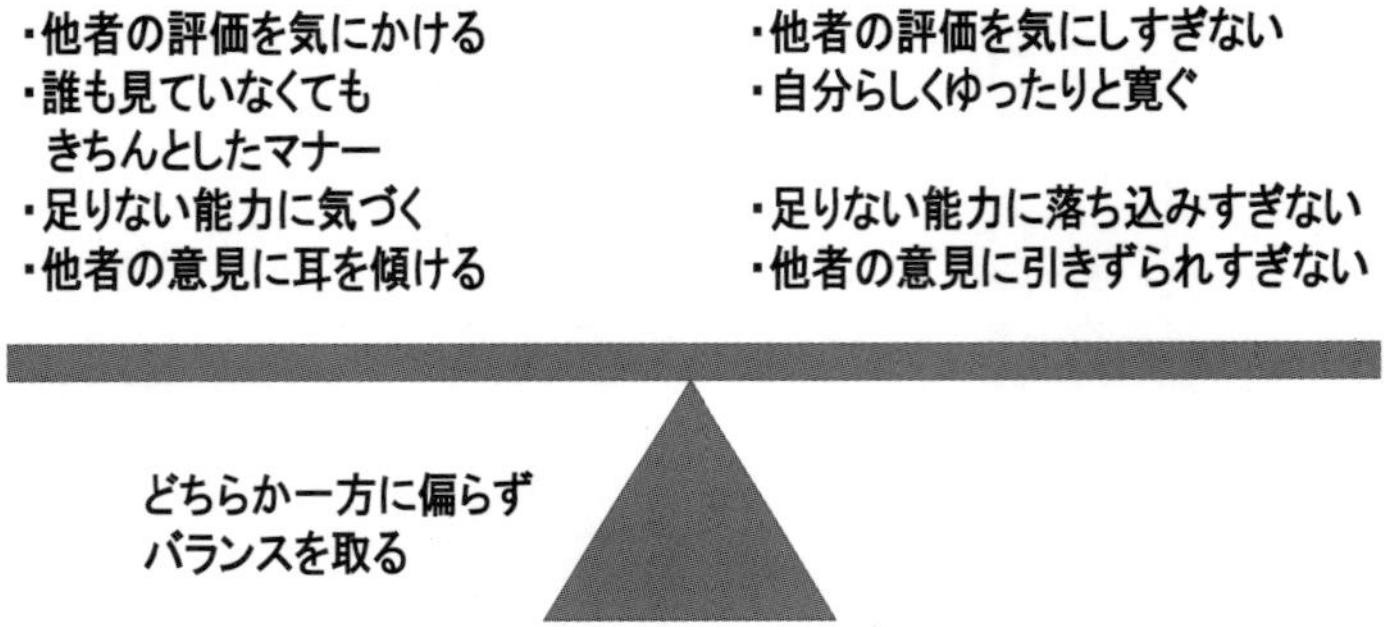
・他者の評価を気にかける
・誰も見ていなくても
きちんとしたマナー
・足りない能力に気づく
・他者の意見に耳を傾ける
・他者の評価を気にしすぎない
・自分らしくゆったりと寛ぐ
・足りない能力に落ち込みすぎない
・他者の意見に引きずられすぎない
どちらか一方に偏らず
バランスを取る

すね。これが悪いわけではありません。

私たちはいつでも誰かの評価を気にする生き物です。ただ先程からバランスと申し上げているように、何事もバランスが重要なのです。誰もいない空間であたかも見られているように行動することは、癖づけるにはとても大事なポイントですが、いつでも気を抜かず完璧に振る舞い続けるというのは、気が抜けるときがないという心を疲弊させるデメリットにもなります。

どちらか一方だけを続ければ素敵な人間になれるわけではなく、バランスはどうか、自分の気持ちはどうか、そして何より私たちの心のあり方は今どうなのか、どうしたいのかをきちんと自分に問いかけていただけると嬉しいです。

誰もいない部屋できちんとしたマナーでお茶を飲むことも素敵ですし、誰もいない部屋だからこそ普段のペルソナを外し、リラックスすることも大事です。

私たちの人生はいつでもどちらかに偏ればいいというわけではなく、都度都度変わる私の心に問いかけつつ行動したほうがよりよいものとなるのです。他者の評価を気にかけつつ気にしすぎない、自分の能力の足りない部分を認めつつ落ち込みすぎない、そんな相反する思いをいつでも持っていけたら素敵ですよね。

望む未来をイメージする

私はよく、相談者さんに、「こうありたいと思う姿をイメージしてください」とお伝えします。いわゆるイメージトレーニングです。その際、より詳しく、よりリアルに想像するようにお願いしています。場所はどんな所なのか？　天候は？　ご自身の服装は？　周りにはどんな人がいるか？　皆さんどんな表情をしているか？

例えば、会議で発言することが決まっているとき、会議室はどんな空間か、出席者は誰か、誰がどこに座るのか、自分がどこに座ってどのタイミングで発言するのか、その発言に対して他の人はどんな反応をするのか、できるだけ細かくイメージするのです。

このイメージトレーニングはアスリートの方もよくやってらっしゃる方法です。自分の未来でありたい姿を思い描いていくことで、体も心もそこに向かう準備ができるのです。また、よりリアルに想像することで、違和感なく深層心理が私たちの希望の未来を受け入れることができるのです。

実際に私もイメージトレーニングをすることがあります。例えば、大勢の人の前で講演するとき。会場が馴染みの場所であればこのくらいに広さの会場でテーブルの配置はいつもこうだからとか、だいたいいつも何人くらい座るからきっとこんな感じで…とか、私は講演の前はここにいて、呼ば

未来を具体的にイメージする
・どんな場所か
・誰がいるか
・自分はどういう風に振る舞うか
・どんな気持ちでいるか
など詳しくイメージ

れたら返事をして出ていく。そのときの歩き方は堂々として演台を見ていて、演台にたどり着いたら資料を置いて、皆さんに向かって微笑む。そして挨拶をする。講演が終わったらきっと義理でも拍手がくるから、その拍手にお辞儀をして、まっすぐ前を見て堂々と歩いて下がる。という感じです。皆さんも、ステージ上の私が何となくイメージできたでしょうか？

　このようにイメージするときは全く知らない第三者にもイメージが伝わるように想像します。

　このイメージが本物であるかのように脳と体が錯覚すると、その未来は当たり前のようにくるものだと勘違いしてしまい、実際に連れて来てくれることがあるのです。

　わかりやすく私の事例を出しましたが、例えば家族が仲よく暮らすことが目標であれば、どんな家族でどんな笑顔を浮かべているか、どんなことを話しているか、などを想像してみてください。脳はイメージと現実の区別がつかないので、理想と同じになるよう現実を運んできてくれるのです。そう思うとイメージトレーニングは楽しんでできるものに変わりませんか？

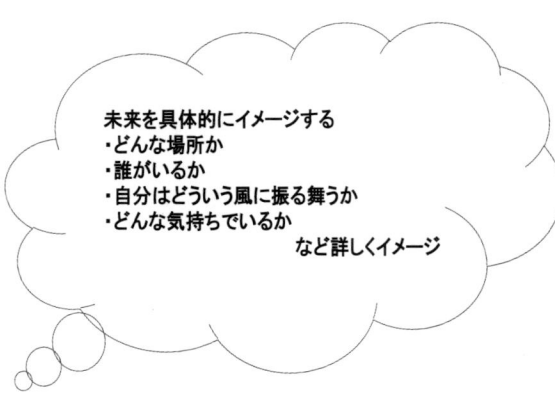

第7章　自分の人生を自分で創り上げる

未来に対する考え方

これから来る未来を想像すると、私たちはときに不安になったり、希望に満ちたりします。希望が心にあるときは前向きに進んでいけるのですが、不安が大きいときはなかなか前に進めないでしょう。

人間は見えないものに対して恐怖を感じます。お化けが怖いのも、それが視覚情報として手に入らないからです。神や天使を畏怖するのも、イメージしたものは世の中に溢れていますが、本当のところを知らないからでしょう。逆に悪魔や霊的なものに対する恐怖も、実際自分が見て取れないから恐怖の対象なのです。

未来ももちろん手に取ることができません。だからこそ、この先どうなるのか、もしかしたら嫌なことばかりが待っているのではないか、と恐れてしてしまうのです。では、どうしたらこの恐怖がなくなるのでしょうか？　手に取ることができなくても、私たちに理解することができたら、全くわからないよりは安心するのではないでしょうか？

企業で用いられる、目標やビジョンなどはこのためのツールなのです。よく新年に今年の目標を細かく書いたり、今年の軸となる言葉を紙に書いたりするのも、未来に対する理解を深めるためです。「今年何をしていくか」がわかっていれば行動できますよね。新年に立てた目標に対してどのように動いていくのかわかれば、少し安心して行動ができるのです。

未来の何に不安を感じるのかも同時に考えていきましょう。私の相談者さんは、だいたい漠然とした恐怖を感じている方が多いです。その未来が来るかどうかわからないうちから、リストラされたらどうしよう、その後仕事が見つからなかったらどうしよう、家族を不安にさせたらどうしよう、自分がこのまま何の成果も出せなかったらどうしよう、と恐怖します。このように未来に対する漠然とした不安に襲われて、『不安製造マシーンどうしよう』になっている方が多いです。

リストラされるのか、事故にあうのか、家族を幸せにできるのか、仕事で成功を収められるのか、はまだ起きていない事態なので、どうなるか正直わかりません。リストラされるかもしれませんし、されないかもしれません。家族が幸せに過ごせるかもしれませんし、何かの事態が起きて誤解が生じるかもしれません。

未来は誰にもわからないのです。起こるかどうか不明なことに怯えて家から1歩も出れなかったら、望む未来や理想は私たちのところに訪れません。今のまま、家のこたつやベッドでぬくぬくごろごろしていでも、今の延長上にあるものしか手に入らないのです。もっと高い理想、高い価値がほしければ、どんなに未来が怖くても今から飛び出していくしかないのです。

未来は行動の先にあります。行動するかしないかは、皆さんの自由なのです。

無限に広がる考え方

私たちの思考パターンは環境や経験がつくり出しています。これに気づけないと思考はパターン化して画一的なアイディアしか出てこなくなったり、自分の正義だけを相手に押しつけてしまいます。

私たちの考え方は無限に広がる可能性を持っているということは忘れてはいけないことの1つでしょう。例えば、自分は勉強ができないと思っている子どもがいたとしましょう。この子どもは授業中も先生の話が理解できないと思っています。算数の問題を解くように言われてもできず、漢字を読むように言われても読めません。算数の問題は先に先生が公式を用いて解くやり方を教えていますし、漢字については前回の授業で教わっています。

ですが、自分は勉強ができない、という思い込みがこの子のやる気を失わせて先生からの情報をシャットダウンしている可能性があります。本人と向き合って、なぜ勉強ができないと思うのか、と深く掘り下げていくと実は算数は本当に苦手だけど、国語はできる子だったとか、理科は苦手でも算数はできそう、など改善する場合があります。

では、なぜこのような勉強ができない、の思考が身についたのでしょう。私は以前、カフェでコーヒーを飲みながら急ぎの資料をつくったことがあります。出先で至急と連絡をもらい、隙間時間に進めようとした作業でした。たまたま後から入って来た母娘が私の斜め前の席に座ったのです。最初は気にもしてなかったのですが、どうやら娘さんが宿題を広げていたらしく、母親に話しかけたのです。「この問題がわからない」と。

すると母親は、読んでいた雑誌からちらりと目を上げてこう応えたのです。「何でこんなのもわ

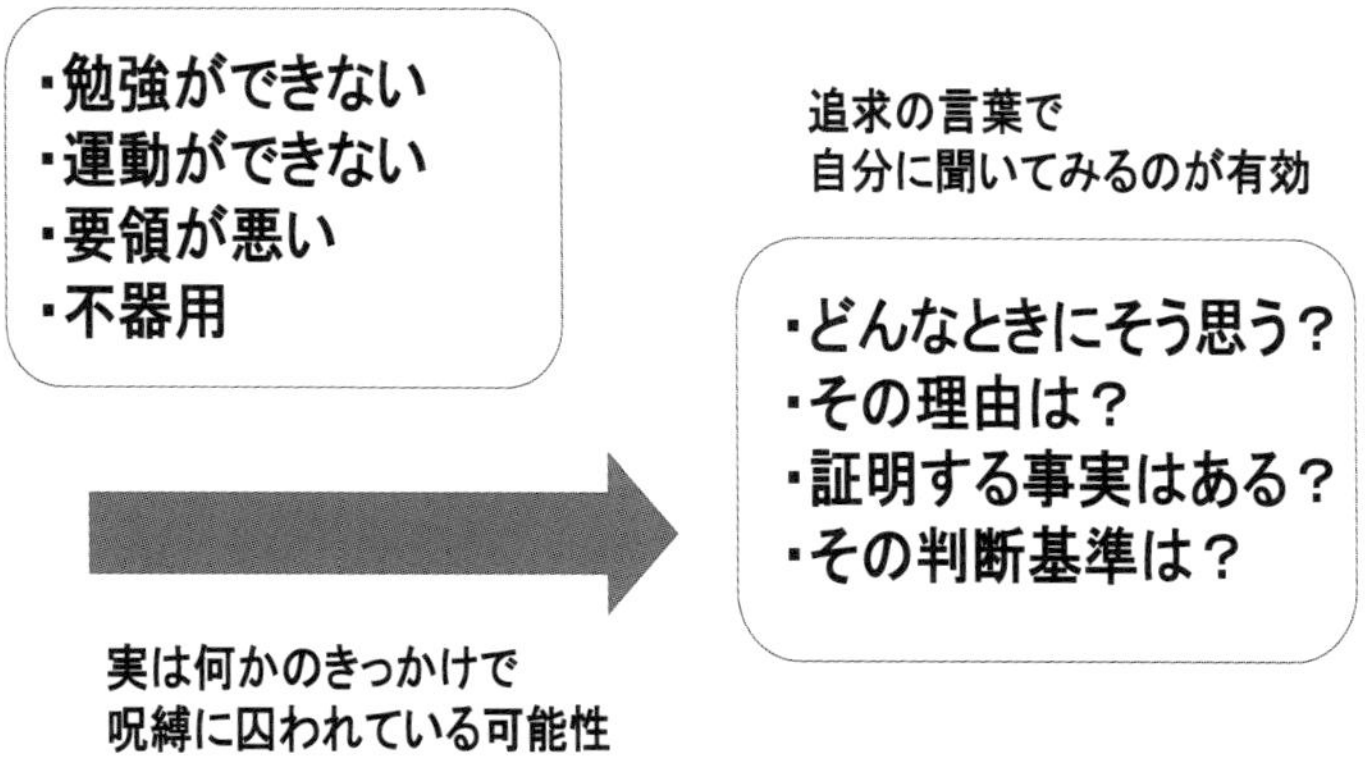
・勉強ができない
・運動ができない
・要領が悪い
・不器用
実は何かのきっかけで
呪縛に囚われている可能性
追求の言葉で
自分に聞いてみるのが有効
・どんなときにそう思う？
・その理由は？
・証明する事実はある？
・その判断基準は？

からないの？　こうすればいいんでしょ」数分後、娘さんがまた母親に話しかけました。「この問題がわからない」と。

母親は雑誌を置いて長いため息をつきました。「何でこんなのもわからないの？　ばかななんでしょ？　そうだよね？」怒鳴るような母親の声が店内に響き、他のお客様も驚いたようでした。

実際にあった出来事ですが、母親は恐らくファッション誌を読んでいた自分の邪魔をされて気が立っていたのでしょう。この娘さんは「頭が悪い」の呪縛にかかってしまっています。恐らく学校では自分で自分のことを勉強ができない子、と評価しているでしょう。

実際に成績もよくならないはずです。だって本人が自分は頭が悪いと思い込んでいますから。心と体はちゃんと頭が悪い自分を用意してくれますよ。

親からの呪いは解けにくい傾向にありますが、解けないわけではありません。また自分の自己評価に関しても、一度テストできちんと結果が出れば素直な子ほど呪縛は解けやすいです。勉強ができない、運動ができない、不器用、など自分の評価を見直してみてはいかがでしょう？　もしかしたらそれは何かがきっかけであなたにかかった悪い魔法なのかもしれません。

私たちはたくさんの考え方や物の見方を手に入れることができるのですから。

♥ 与えられた状況で最大限に私らしく

私たちの環境はときに変えられなかったり、すぐに変えるのが難しい場合があります。そんなときはその状況で最大限にできることをするしかないと思うのです。

なにか問題が起きたとき、私たちは誰かのせいにしたがります。親のせい、友達のせい、時代のせい、環境のせい。そのほうが私たちの心が傷つかずに楽に諦めることができますし、自分にはどうしようもなかったのだと自分を慰めることもできるからです。

私の相談者さんで、就職したばかりの若い女性がいます。彼女は、高校在学中、就職について相談した母親から、「手に職があれば将来困らない」と言われたそうです。それを就職担当の教師に話したところ、その意見に賛成したそうです。そこで彼女はいずれ自分の店を出せばいいからと、飲食店に勤務して料理人の道を歩むことにしました。

ところが、ここで問題が起きます。仕事で覚えることが多く、先輩からの指導が厳しいため、彼女の気持ちが折れてしまったのです。私は実際に彼女の職場にいるわけではありませんから、本当

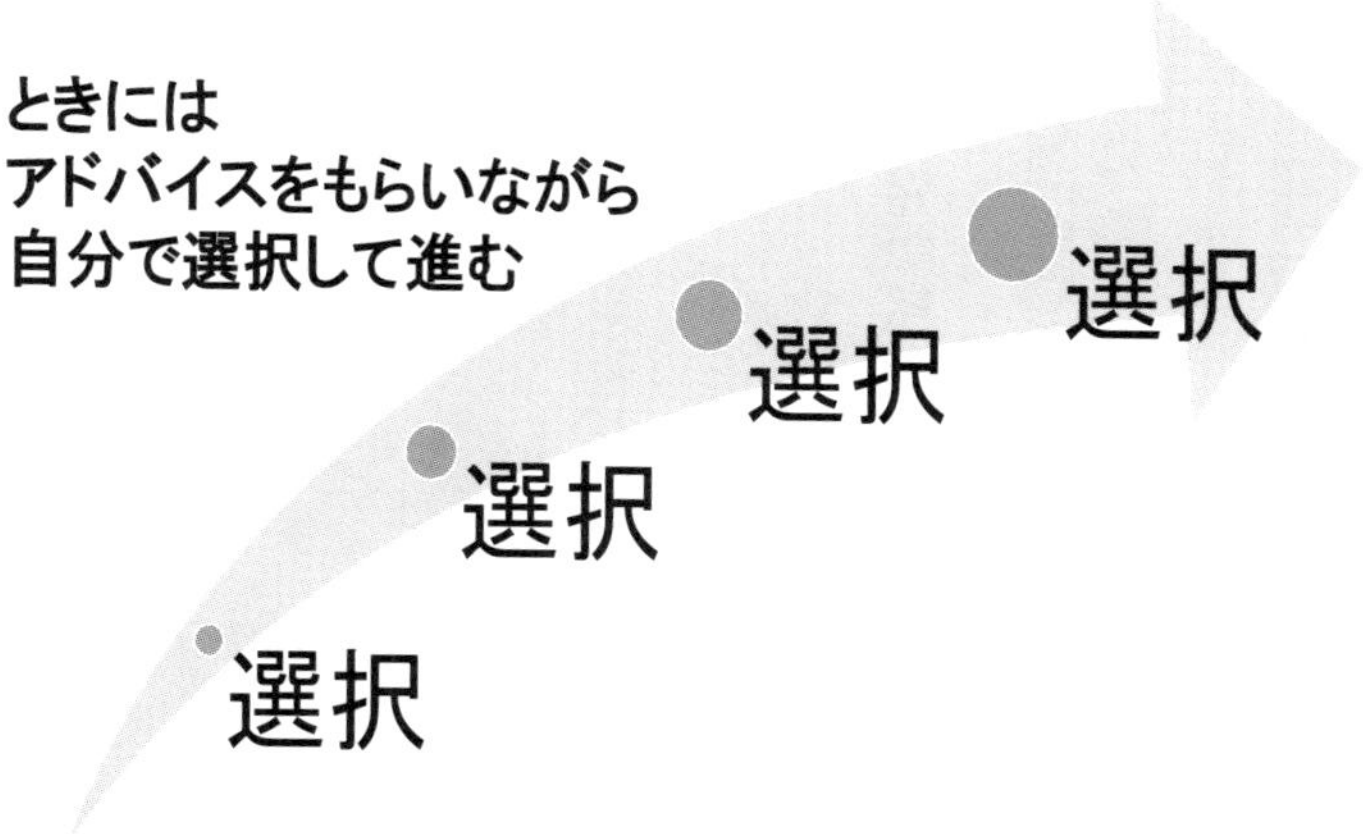
ときには
アドバイスをもらいながら
自分で選択して進む
選択
選択
選択
選択

はどうだったのかはわかりません。

が、彼女が言うにはパワハラまがいの指導法でブラック企業のような扱いだったとのことでした。彼女の心はすでに当初の目的から離れていました。それは問題ありません。決めた理想を必ず実現しなければいけない義務はありませんから。問題なのは彼女の思考なのです。

「就職を考えたときに、母親と先生が手に職があったほうがいいと言ったから料理人になろうと思ったのに、考えていたのと違った」と彼女は言うのです。これは、誰かのせいにする事例で、私の周りには溢れている現実です。

問題なのは、自分の人生を母親や教師に委ねているという感覚でいることです。親がそう言ったからその道を選ぶ、という思考は、誰かに自分の選択を委ね続けることになります。そして、母親と教師がすすめたとしても、最終的に料理人になるという決断を下したのは自分だということに気づいていない、もしくは蓋をして見ないようにしていることも問題の1つでしょう。

私たちはアドバイスをもらって、その通りにしなければいけない義務を負っているわけではありません。この場合は母親と教師からもらったアドバイスで、自分は料理人になろうと決めたわけですから、もし自己決定感がきちんと備わっていれば、料理人として歩んでいくためには、自分はどういう環境に身を置いたらいいのか、そこでどうやって能力を身に着け開花させていけばいいかを考えることができるでしょう。もちろん、劣悪な環境であれば、どうにかして新しい環境を整えることが必要でしょうし、目標を叶えるために踏ん張りどころだということもあるでしょう。

それはそのときにたくさんのアドバイスを聞きながら、ご自身で決定して最大限に自分らしく生きていけばいいのです。私たちの人生は、自分で決めて選ぶことができるのです。

全世界が私の味方ではない

人間は誰かに認めてほしいという欲求を持っています。そして認めてくれる人数が多くなるほど欲求が満たされていくのを感じるでしょう。この欲求は消えるものではありませんし、悪いものではないと私は考えています。

誰かに認めて欲しいと思うからこそ、目標や理想に向かうモチベーションも上がるでしょう。この気持ちを認めつつ、理解していかなければいけないことがあるのです。それは、「全世界が私の味方にはならない」ということです。

ＳＮＳの普及により、私たちの思いはより多くの人に簡単に伝わるようになりました。それと同時に、今まではなかなか入ってこなかった批判や批評などが、たやすく私たちの下に届くようになったのです。人間は大勢の人に認めてほしいという欲求を持ち、なおかつたった１人にも否定されたくないという気持ちも持っています。

ですが、実際問題、それは不可能なのです。私の意見を否定する人は必ずいます。そしてそれは、身近にいることが多いのです。家族、友達、職場。あらゆるところに私たちの意見を否定する人は潜んでいます。

フレネミーという言葉を聞いたことがある方もいらっしゃるでしょう。私たちの意見を否定する人は、友のように近しくて敵のような気持ちを持っているかもしれません。重要なのは、このような事態のときに、理解してもらおうと動くことが最善策ではないということです。

私の意見を理解してくれない、だから説得してわかってもらうまで話して、というのは素晴らしい行動だと思います。しかし、それでも私たちに否定を投げつけてくる人は、いるのです。

みんな仲よく、みんな楽しく。これが実現できたら素晴らしい世界になることでしょう。もちろんこれを目指していくのは人類の目標の１つだと思います。

ですが同時に、どうしてもわかり合えない人はいるのです。どうしてもわかってほしい気持ちはもちろんありますが、ここでぶつかり合ってしまっても、私たちが疲れてしまうだけです。歩み寄る一定の努力は必要ですが、ある程度の努力をしても否定をしてくる方とは、距離を置いて関わっていくのがいいのではないでしょうか？　たとえそれが、家族や友達という肩書であっても。

私たちは世界中の人１００％を自分の味方にできるわけではありません。かと言って私たちの発する1回の意見に対して否定をしてくる人が即完全なる敵でもないのです。今回は意見が合わなかっただけで、次回は同じ意見かもしれない。違う意見のときは何処までだったら歩み寄れるのか。今回はお互いの意見の存在を認めつつ、共感はできないから距離を置いたほうがいいのか。その時々によって同じ人相手でも対応が違うこともあるでしょう。

今日道を違えた人と、未来でまたお会いすることもあるのです。もしそうなったらとても素敵な奇跡でしょうし、もし袂を分かった人と二度と会わないのであれば、お互いに関わらない場所でお互いに幸せになればいいだけです。相手が私の不幸を願ったとしても、それは私には関係ないこと。私は私で、今、共感したりある程度の理解を示してくれる人たちと幸せになるのでご心配なく。

わかり合えない、を認める

先の項目の続きになりますが、私たちは自分なりの正義を心の中に持ち合わせています。そして何故かそれを世界共通のものとして普及させようとする癖を持っています。この癖は油断するとすぐに出てきてしまいます。

例えば、私が20代のころは、「熱が出たくらいで会社を休むなんで軟弱だ」と思う方が一定数いました。私もその頃は微熱だったとしても仕事をしていました。熱があると認識してしまうと、途端にだるさが増すので、敢えて熱は計らずやり過ごす、なんてこともザラです。今となってはこれは非常識だと感じる方も多いでしょう。この、時代とともに変わる普通や、自分だけが持ちあわせている普通を、相手に押し付けて従わせようとしてしまうときがあります。こうなると人間関係がややこしくなるのです。

私が実際に体験した話ですが、産休でお休みしていた女性社員が復帰することになりました。産休の間は会社の方針なのか代理の方は来なかったので、彼女が抜けた穴は他の社員でカバーするしかありません。彼女が戻ったので産休前に引き継いだ業務は戻しましたが、もともとそれぞれが業務過多な状態でしたので、一部の社員は彼女の業務を戻したとしても焼け石に水の状態ではありました。

復帰した彼女は子どもを保育園に預けていましたが、小さなお子さんが環境を変えたせいで体調を崩すのはよくある状況でしょう。復帰したにもかかわらず、保育園の呼び出しで午後から不在にすることや急にお休みになることが多々ありました。

これはもう日本のシステム的な問題かもしれませんが、この状態が続くと彼女自身もストレスでしょうし、急に当日の仕事が増える他の社員もストレスです。徐々に部署内がピリピリしてギスギスしてきます。

みんなストレスのやり場がなく、ある社員が彼女に向かって言いました。「子どもが具合悪いのはわかるけど、みんなに迷惑がかかるからね」と。子どもの体調不良は誰にもどうすることもできません。母親である彼女にも、保育園から呼び出しの電話がないように祈ることしかできません。責めるのは筋違いだとわかっていて言ったのです。

翌日彼女は、ご迷惑をたくさんかけてしまって、とお詫びのお菓子を差し入れしていました。別の社員が「こういうことしなくてもいいと思うけど」と彼女のいないところで言っていました。これはもう自分の普通がぶつかり合いすぎて複雑に絡み合いすぎて、解けない毛糸の塊のようです。

子ども優先と考える普通。職場に迷惑をかけないで欲しいと考える普通、いちいちお菓子の差し入れは不要だと思う普通、他人のことはどうでもいいから目の前の仕事をしてほしいと思う普通。たくさんの普通の押しつけあいはいろんな部分が固結びのようになって、ここまで来ると切るしかありません。子どもの体調不良で欠勤しがちな彼女は結局仕事を辞めていきました。

私たちの普通は、相手の普通とは違うかもしれません。私の普通を捨て去るのではなく、私の普通もアリ、あの人の普通もアリ。でお互いに存在していいですよ、を出していけるといいですね。

自分で自分を愛する

自分で自分を受け入れる、どんな自分も大丈夫と何度も申し上げています。ただ、頭で理解していてもなかなかこの思考を続けるのは難しいのです。なぜなら私たちはすぐに自分をいじめたがるからです。自分をいじめることで、心を守ろうとしているのも要因の1つでしょう。

いじめるのに守る、矛盾した考えですよね。例えば、お子さんが親の期待に応えられなかったときに出て来やすいかもしれません。テストでいい点数が取れなかったとします。親は子どもが100点を取ると期待した。実際は70点だった。

このとき、親は期待外れとがっかりするでしょう。子どもは親の評価に傷つきます。そうすると次のテストでは「頑張って100点を取るのよ」という親に対して、「無理だよ。お母さんのように頭よくないから」と言います。これは自分で自分の能力が低いといじめているのですが、よく読みとると、お母さんのように頭がよくないから100点をとらなくても仕方ないんだよ、という予防線なのです。

こうすることで100点が取れずに親からの評価が低かったときに傷つく心を守っているのです。傷つかなくていいんだよ、私は能力が低いし、それは予め申告してあったのだから。

こうして自分の能力が低いと自分をいじめることで、未来に傷つくであろう心を守っている。でも自分をいじめた自分の言葉で今傷ついたけれど。という矛盾ループが始まるのです。これが癖ついてしまうと卑下が常態化したり、自己否定や自己批判の塊モンスターが生まれたりするのでしょう。

また、過去に起きたことをトラウマにして自己防衛している可能性もあります。親に愛されていないと感じている子が、大人になって出会った他者に愛されないことを恐れて、先に予防するために自分をいじめます。『私は親にも愛してもらえなかった。こんな自分を好きになってくれる人なんているわけないんだから、調子に乗らないようにしないと』と先に自分の心を傷つけて、あとから来る誰かに愛されなかったという事実から心を守ろうとする場合もあるでしょう。

どちらにしても自分をいじめるというのは、そうすることで未来の自分の心の傷を防ごうとしているのです。今の私たちは、未来の私たちを守ろうと必死でもがいてくれている、これだけで自分を褒める事実に繋がりませんか？　たった1人で私を守ろうとしてあえて私を傷つけている、こんな私をどうして愛さずにいられますか！

私たちの心は小さな子どものようですね。未来の、大人になった私を守るために今の小さな私が孤軍奮闘しているのです。そう考えると優しく抱きしめてあげたくなりませんか？

私はどんな私でも価値があるのです。間違っても、傷ついても、失敗しても、できなくても、親しい誰かに愛されなくても、私には価値があります。だってこれを経験したことで、誰かに寄り添うことができるから。傷を追わなければ痛みを理解することはできません。痛みを理解するから誰かの痛みに共感することができて、それが優しさに繋がるのです。私は弱いからこそ、だめだからこそ愛しい存在なのです。

聖母にならなくていい

聖母、と聞くと誰にでも慈愛を注ぎ、無欲で、他者を優先して献身的に尽くす人をイメージする方も多いのではないでしょうか？　この姿を理想として目標にする方もいるでしょう。それは素晴らしいことだと思いますが、本書で一貫してお伝えしているように、バランスは重要です。慈愛を受け、献身的に尽くしてもらえば、人はお返しをしたいという気持ちがわきます。返報性の法則というのを聞いたことがある方もいらっしゃるでしょう。人は何かを与えてもらったら無意識にお返しをしようと考えるのです。ですが、残念ながら世の中には搾取という言葉があります。

モラハラやDVなどはわかりやすい例かもしれません。聖母と聞くとどうしても女性にその姿を求めがちです。子どもを優先して自分の時間を後回しにしたり、世の中のお母さん方には本当に頭が下がります。ですが、そこに甘えて乗じてくる人間が中にはいるのです。

やってもらって当たり前、献身的が当然など。女性が家族のために半ば自己犠牲になりつつ愛情を注いでくれることを、それが当たり前であると受け入れ、なおかつ過剰に要求する人間がいるのだという事実を知っていてほしいのです。学校や塾のお迎え、部活の用事や学校行事、毎日の食事や家を整えるための掃除や洗濯やゴミ捨て。これらすべてを当然のように担いさらに外で仕事をこなす女性がいるということは想像しやすいのではないでしょうか？

もちろん、これをこなしても心の余裕がある方は何の問題もありません。ただ、このタスクを毎日こなして、休日の自分の時間もなく誰かを優先し続けることに心が疲弊しているのであれば、話は別になってきます。

私たちは家族であっても、それぞれが優先されるべき個体です。もちろん誰かが体調を崩したなどの場合は、他の誰かが献身的になる必要があります。全員が健康な状態なのであれば、それぞれが自分の気持ちを優先した上で協力していく必要があるのではないでしょうか？

誰か1人の犠牲の上に成り立つ関係性ではいずれ歪が生じます。そうならないためにも、聖母を目指す必要はありません。献身的な行動は尊重されるものですが、自分のすべてを犠牲にして尽くし続ける必要はないのです。

もしも自分が献身的すぎるのかどうかわからない、という場合は自分の24時間を紙に書きだしてみるのもおすすめです。書いたものを見て、自分で納得できればＯＫです。私、何でこんなに誰かのために動いてるんだろうとか、誰かに合わせた予定を入れすぎて疲れるな、と感じたら自分の気持ちを優先する時間を少しだけ取るようにしてください。30分本を読むでもいいですし、ぼんやりしながらお茶を飲んでもいいでしょう。仮眠をしてもいいし、出かけてもいい。少しだけ自分のわがままに付き合ってあげてください。

私たちは人間です。愛する誰かのために自分を犠牲にするために生まれたわけではなくて、愛する誰かと一緒に楽しむために生まれてきたのです。

聖母にならなくても、あなたは立派な方なのです。

誰かに愛されなくていい

人間は集団で生きる生物です。誰かに認められたいという欲求と同時に、誰かに愛されたいという欲求も持っています。それはパートナーの愛だけではなくて、親子の愛情や友愛などの種類がありますが、より多くの人から愛されたいと思うのが人間の欲求です。

なぜ愛されたいという欲求があるのでしょうか？　人間は生まれたばかりのころは１人で歩くこともできません。ですから絶対に安心な誰かの庇護下に入ることが重要となります。そうすると庇護してくれる人間から愛されたほうが動物としての生存率が高まるわけです。

親の愛情を求めるというのは、このような本能からくるものでしょう。ここでは敢えて、人間らしい感情や思いやりを無視した話をしますが、同じ親から生まれた個体が複数いる場合、つまり兄弟姉妹が多い場合、他の個体よりも愛されることで自分の生存率を上げなおかつよりよい条件を得ることができる、と考えると、他の個体より愛情が欲しいと求めることもあるでしょう。第二子が生まれた後の第一子の赤ちゃん返りという状況は、これを反映した愛情を求める欲求でしょう。

大人になれば、会社で同期よりもより能力を発揮することで上司に可愛がられるという状況を求めます。これも会社という集団の中でより安全に生存するための欲求でしょう。

このように、人間は誰かの愛情を求めることで自分の置かれた環境をよくしようとする心が働きます。これもエスカレートしすぎないように注意して求めていけるといいですね。人は１人では生きられませんし、誰かとコミュニケーションを取ることが私たちの心の安定にも繋がります。

ですがエスカレートしすぎると、依存になりがちです。誰かがいないと何もできないようになってしまったり、愛され求められることだけに存在意義を見出してしまうと、よくない考えの人に利用されてしまうこともあるでしょう。

私たちは誰かに愛されたいのは当然の欲求として、例え誰にも愛されなくてもそれはそれで受け入れる体制を持つことが重要です。先の項目にも書いた通り、誰かが私を愛していなくても私が私を愛しているので十分です。

例え両親に愛されなかったとしても、それは全世界の人間のうち2人に愛されなかったという意味です。ただその2人が一番近いところにいただけ。世界の人間は2人しかいないわけではありませんし、両親が愛してくれなかったからといって他の人間があなたを愛さないという根拠にはなりません。両親に愛されなかった子は全人類に愛されないなんてどこにも書いてありませんから。

愛された方は幸せでしょうし、それは多数派かもしれません。少数派だとだめだというわけではありませんし、全人類と出会って交流した後で私は誰にも愛されていません、と言うなら理解しますが、そうではないのに私は誰にも愛されないというのは、見ている世界が狭すぎるかもしれませんよ。だって私はまだあなたと出会ってませんから。ですから、出会える日を楽しみにしていますね。

ある意味自分勝手に

他者を優先する、とか奉仕の精神、とか、素晴らしい文化や思いはたくさんありますよね。ですが何度もお伝えしているように、バランスは重要なのです。他者を優先しすぎていないか、そのため自分が自分に蔑ろに扱われていないか、奉仕の精神を持ちすぎていないか、そのため自分を犠牲にしすぎていないか、などいちいち自分に聞いてください。

その都度変わる優先順位を決めていく

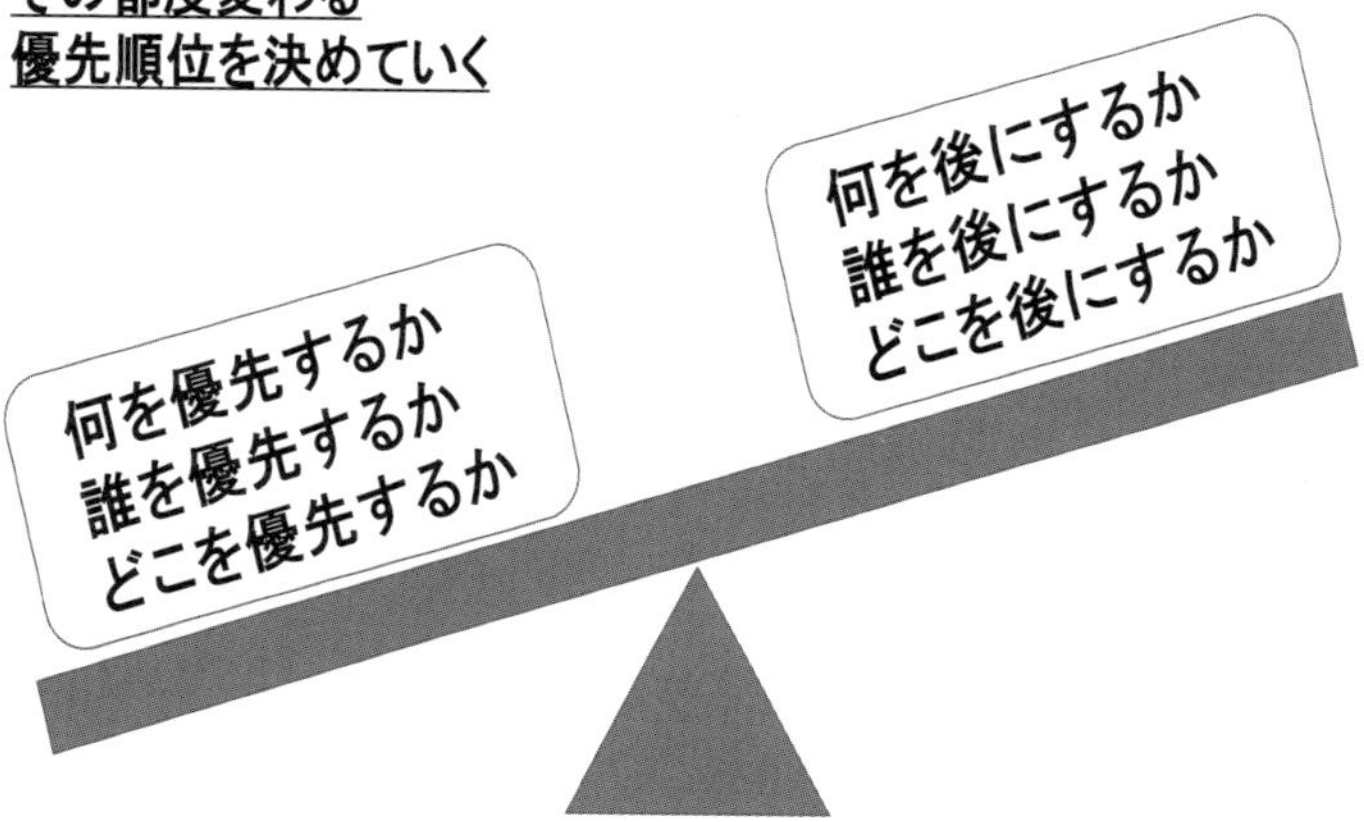
何を優先するか
誰を優先するか
どこを優先するか
何を後にするか
誰を後にするか
どこを後にするか

私たちは聞いてみないと誰かの気持ちを理解することはできませんよね。エスパーではありませんし、漫画みたいに空中に吹き出しが出ていて、誰かの思考が書いてあるわけではありませんから。

でもそれは他者に限ってのことではなく、自分の心のことも理解していないことがあるのです。そして一番近いからこそ私たちは自分の心の声をわかったような気になってしまっているのです。ですから自分の気持ちも他者の気持ちが理解できないのと同じように、理解できていないのだと思ってください。

私はどうしたい？　私は何が望みなの？　といちいち問いかけて自分の心と仲よくなってほしいと思います。そして自分の心の声を聞いたのなら、どこを優先するのかを選択する時間です。自分を優先するのか、他者を優先するのか、そして今は自分を優先すると決めたら自分の何を優先するのか、仕事なのか、家庭なのか、自分だけの癒やしの時間なのか。

細かく選択していきましょう。

最後にこれで今はOKかな、と自分に問いかけて、違和感がないか確認しましょう。誰かの批判は聞いてはいけません。私の今日をどのようにするか考えるのは、親でも子でも上司でもなく自分なのですから。

決めたらあとは行動するだけ。例えば私は少し前まで、ワークライフバランスに悩んでいて、誰かと同じように休もうとしていました。

同僚が昼まで寝たと言えば自分もそれをやればいいはず、と昼まで寝てみました。昼に起きて罪悪感なのか焦燥感なのか、とにかく「失った感」が酷かった時期がありました。時間が無駄になった感じですね。それを何度か繰り返し、自分がまるでだめな人間のように感じました。

これは価値観が同僚のものだからです。私の心が納得していないのに行動した結果ですね。今は自分のワークライフバランスを考えていますので、昼間に2時間仮眠をとっても失った感じはありませんし、本当に疲れていて昼まで寝ていたらそれはそれで満足します。

同じ昼まで寝るという行動でも誰の基準と価値観かを意識することで感じ方が変わるのです。誰かの価値観に沿っていると後悔したり無駄に感じたりして心が落ち込みますが、自分で決めていると思えば充実感や満足に繋がります。

私たちはときに自分勝手に自分の気持を優先してもいいのです。それが毎日だとコミュニケーションとして困るかもしれませんが、他者優先だけを追い求めているといつかあなたの心が疲弊してしまうのです。

見返り不要

誰かに何かをしてもらったらお返ししたくなる、返報性の法則がある、とお伝えしました。これは真実なのですが、この返報性の法則だけを追い求めてしまうと、心が傷ついていきます。

私は誰々にこういうことをしたのに、お返しが来ないとか。田舎に行くほど隣近所から何かもらったときには何をお返しするか悩んだり。持ちつ持たれつという言葉もありますし、助け合うとかお返しなどは全く必要ないという文化ではないかもしれません。

ただし、見返りを重要視しすぎてしまうと、目的がずれてきてしまいます。自分の労力と相手からの見返りが釣り合っているのか。「自分がこれだけのことを相手にしたのだから、相手も自分に有益なものを返してくれて当たり前だろう」こんな思いに支配されてしまうと、私たちの行動は、親切や愛情から、押し付けや身勝手に変わってしまうのです。

相手に何かをしてあげたいというのは、本来、私たちの相手に対する愛情から起こる気持ちです。ただ相手からそのお礼に、と思いや物品が返ってくると、初めのうちは気遣いがありがたいと思っていたのにいつの間にか、私のあげた思いや労力と同じものを返してほしい、の強制的なものに変わってしまいます。

そしてこのいつの間にか起こる、このすり替えに私たちはすぐに気づいて対応することができずに、やってあげたのに、の押しつけに支配されるのです。

相手に何かするのは、見返りがほしいからではなかったはずです。お子さんの世話をするのは、将来立派になって対価がほしいからですか？　交通事故を目撃したとき、すぐに救急車を呼んだり巻き込まれた人を助けようとするのは、見返りを要求するためですか？

私たちの善意の気持ちは押しつけた瞬間、悪意に変わります。そうならないためにも、私たちは善意に見返りを求めないほうがいいと言えるでしょう。見返りはいりません、私がやりたくてあなたのお手伝いをしているんですよ、そのくらいの気持ちでいたほうがいつでも相手に善意を届けられるのではないでしょうか？

かと言って、相手から何かが返ってきたときに受け取らない、という頑固な態度を取る必要もないでしょう。基本は私がやりたくてやっている行為、だけどもしお返しに、と気持ちが貰えたなら、お気遣いいただいてかえってすみません、と添えながらありがたく受け取ればいいのです。

私は私の気持ちを聞いて、誰かのために動こうと思ったときに動くだけ。そこに対価も見返りも要求していない。そのくらいの気持ちで動くのが本来の相手のために動く、ということなのでしょうね。

私はあなたを助けます。それは私に今余裕があって、私がやろうと思うからです。そこにお返しの品や言葉はいりません。だって私が満足するためだけの行為だから。だから見返り不要で行動してみてはいかがでしょう？

あとがき

私は常々、何事にもバランスが必要だと思っています。ポジティブとネガティブを始め、自分を優先するか相手を優先するか、働くか休むかなど、どちらか一方だけを大事にすればいいというものではないと考えています。そしてそのバランスが均等か、どちらかに比重があるのか、というのは人それぞれ違うのです。しかも同じ人でも時期によって異なるでしょう。

心身が疲れてしまった人は働くか休むかのバランスで、休むに比重を置かなければいけませんし、時間をかけて回復したなら平等になるでしょう。仕事が忙しくて今はどうしても、となれば仕事に比重をおくでしょうし、落ち着けば平等にするかもしれませんし、ゆっくり休むかもしれません。

そのときに応じたバランスを保てばいいのです。自分に合ったバランスは自分にしかわからないでしょう。だからこそ自分をより知って自分はこうするといい、こうすると疲れやすいなど情報を集めてほしいのです。これが自分マニュアルになるのです。私ってどういう人間だろう、何を考えて生きている人なんだろう、とまるで幽体離脱したような視点で自分を見てもらうのもいいと思います。

私という人間を誰かに紹介するとしたら、どんな風に紹介するかな、と考えてもいいかもしれませんね。私だったら、仕事に比重を置く癖があって、休んでないように見えるかもしれませんが、それがこの人の通常ですのでお気遣いなく。じっとしていられない人間なんですよ。本当に疲れたなど思ったら勝手にその辺に座ってますから、それまでは好きに動かせてやってくださいね。とかでしょうか。たくさんの情報を自分マニュアルに載せてぜひ分厚いものをつくっていただきたいです。情報がたくさんあればあるほど、自分マニュアルはより価値を持つものになるのです。

自分を知ってどういう方向に持っていくと力を発揮するのか、など自分のマネージメントができるようになるといいでしょう。自分が分身したとして、片方がマネージャーだとしましょう。この人間の魅力と能力を最大限に引き出すには、マネージャーの私はどう操るべき？　と自分マニュアルをめくるのも楽しいかもしれませんね。いろいろな方法を試してみて、自分に合うものを見つけていただけると嬉しいです。

また、本書で書き記したことや、今後お伝えしたいことなどを随時発信していますので、私のホームページやインスタグラムも、よろしければご覧ください。どこかで実際にお会いできれば、これほど光栄なことはありません。

本書を出版するにあたって、私を探し出してくださった、有限会社イー・プランニングの佐藤瑠美様に感謝します。お陰で私の人生で起こると思っていなかった、本を出版するという貴重な経験をすることができました。また、セルバ出版　森社長にもお礼を申し上げます。初心者の私のお世話は大変でしたでしょうが、丁寧にお付き合いくださいました。

そして本書の執筆を応援してくださった友人知人の皆様、ありがとうございます。書いていないうちから数冊購買予約が入ったことは、後には引けない状況でないと動かない私の原動力になりました。

そして今、本書を手にとって私と出会ってくださった読者の皆様もありがとうございます。
最後に、いつも支えてくれる家族に最大限の感謝を込めます。家族でいてくれてありがとう。

清野　郁絵

著者略歴

清野　郁絵（せいの　いくえ）

心理カウンセラー・メンタルコンサルタント。GAT_lab 代表
サービス業での接客経験を経て、お客様対応の基本や接遇サービスを学ぶ。のちに携わった人材育成の業務で職場での人間関係により深い興味を持ち、独学で資格取得。悩みの根本には人間関係とそれぞれの思考があると感じ、カウンセラーとして独立。「生きやすくなる気持ちの整え方」を伝えるために日々精進中。企業の新人研修・メンタル向上研修、個人でのカウンセリングや思考法の改善コンサルタント、イベントＭＣなどで活躍中。

ホームページ　http://gatlab.jimdofree.com
インスタグラム　https://www.instagram.com/iku_kokoro/

自分を変えたい！を終わらせる　自分マニュアル思考法

2024年 12 月13日　初版発行

著　者　清野　郁絵　

発行人　森　　忠順

発行所　株式会社 セルバ出版
〒 113-0034
東京都文京区湯島 1 丁目 12 番 6 号 高関ビル 5 B
☎ 03（5812）1178　　FAX 03（5812）1188
https://seluba.co.jp/

発　売　株式会社 三省堂書店／創英社
〒 101-0051
東京都千代田区神田神保町 1 丁目 1 番地
☎ 03（3291）2295　　FAX 03（3292）7687

印刷・製本　株式会社 丸井工文社

Printed in JAPAN
ISBN978-4-86367-936-8